旅バカにつける薬はなし

女教師30年60ヶ国1人旅

Incurable Travel Bu

遠目塚 由美

世界旅の始まりです。

何を感じるも自由

何を想像するも自由

飽くなき好奇心を携えて

さあ、旅に出よう。

N CONTINENTS

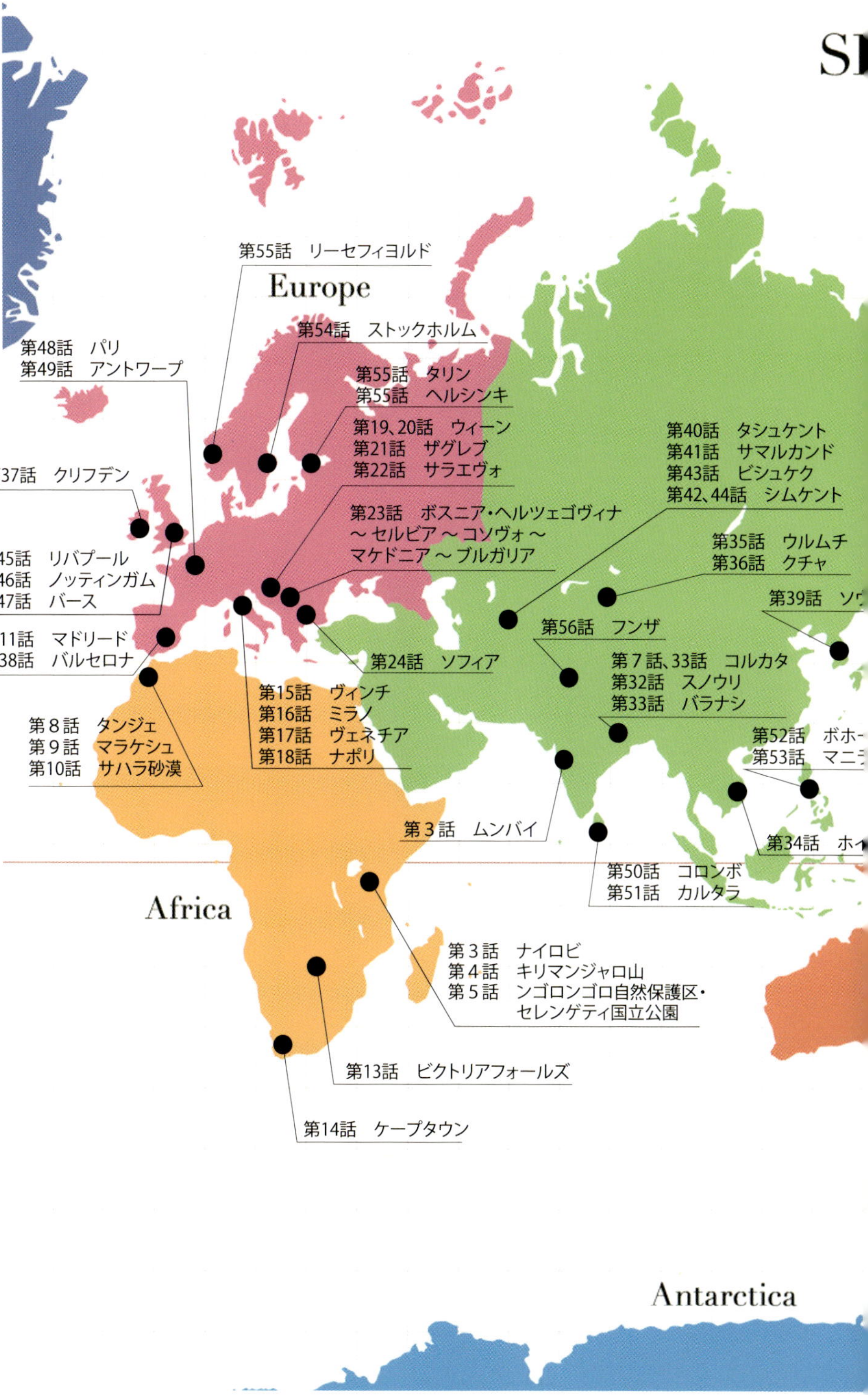

Europe
Africa
Antarctica
第55話　リーセフィヨルド
第54話　ストックホルム
第48話　パリ
第49話　アントワープ
第55話　タリン
第55話　ヘルシンキ
第19、20話　ウィーン
第21話　ザグレブ
第22話　サラエヴォ
第37話　クリフデン
第23話　ボスニア・ヘルツェゴヴィナ
～セルビア～コソヴォ～
マケドニア～ブルガリア
第45話　リバプール
第46話　ノッティンガム
第47話　バース
第11話　マドリード
第38話　バルセロナ
第24話　ソフィア
第8話　タンジェ
第9話　マラケシュ
第10話　サハラ砂漠
第15話　ヴィンチ
第16話　ミラノ
第17話　ヴェネチア
第18話　ナポリ
第40話　タシュケント
第41話　サマルカンド
第43話　ビシュケク
第42、44話　シムケント
第35話　ウルムチ
第36話　クチャ
第39話　ソウ
第56話　フンザ
第7話、33話　コルカタ
第32話　スノウリ
第33話　バラナシ
第52話　ボホー
第53話　マニラ
第3話　ムンバイ
第34話　ホイ
第50話　コロンボ
第51話　カルタラ
第3話　ナイロビ
第4話　キリマンジャロ山
第5話　ンゴロンゴロ自然保護区・
セレンゲティ国立公園
第13話　ビクトリアフォールズ
第14話　ケープタウン

旅バカにつける薬はなし～女教師30年60ヶ国1人旅◉もくじ

カバーデザイン／小林智子

第1話　"I'm from Japan."「日本から来ました」

"Where are you from?"「どこから来たの？」。

これまで旅の中で一番聞かれた質問がこれである。特に東南アジアやアフリカ諸国では、目が合うと聞かれる質問がたいていこれで、そこから会話が発展していったものだ。

ただ、"I'm from Japan."「日本から来ました」と答えると、次はほぼ決まって"Tokyo?"「東京？」と返され、「ノー」と答えると、次は"Osaka?"「大阪？」になった。

この2都市以外、日本の都市名はなかなか出てこない。時々"Kyoto?"「京都？」と言われる時があり、あるいはまれに"Nagoya?"「名古屋？」もあった。（余談ではあるが、"Kyoto"を「きょうと」と発音してくれる外国人にあまり出会ったことはない。たいがい「きおと」だ。）

さて、そのような状況で九州の"Miyazaki"「宮崎」と答えたところでわかってもらえるはずはない。それで、"Kyushu, south part of Japan."「九州、日本の南部」とざっくり答えると、何となく頷《うなず》いてくれる。

このように、"Where are you from?"に始まり"Kyushu, south part of Japan."に至るまでの対話を行く先々で繰り返してきたわけだが、このお決まりの対話のおかげで現地の人たちとの心の距離をぐんと近づけることができた。

こんなこともあった。アフリカを旅行している時に、数名の子どもたちがこちらを見て「にほーん、にほーん」とニコニコして叫びながら手を振ってくれた。「おっ、子どもたちが『日本』と言ってくれたよ！」。これには感激した。

「日本人であることがどうやってわかったのかな。このあたりは日本人観光客が多いのかな？」。いい気分になって、こちらからも子どもたちに向かって満面の笑みをたたえながら手を振った。すると彼らが今度は「チナ、チナ」と言い出した。そして私は理解した。「なーんだ、日本人じゃなくて中国人と思われていたんだ」。

ではなぜ私に向かって「にほーん、にほーん」と言ってきたのか？　その理由にもしばらくしてから気が付いた。「にほーん、にほーん」と聞こえていたのは、実は中国語の「こんにちは」である「ニイハオ」がなまって「ニイホウ」となり、それが「にいほーん」と聞こえただけなのだ。

"I'm from Japan."「日本から来ました」と言おうかとも思ったが、手を振りながらそれもないような気がして、笑顔のまま中国人のふりをして通り過ぎた。

第2話　大阪のおばちゃん作戦（オーストラリア　シドニー）

シドニー市内をバスで移動している途中のこと。急に腹痛に見舞われた。最終目的地まではとても持ちそうにない。バスの中から公園が見えたので急いで途中下車した。

バスから降りてすぐに公園に入りトイレを探した。「あった！」。しかしそれは男性用トイレだった。たいていすぐ横に女性用トイレがあるものだ。しかし、なかった。

「そんなバカな！」。キョロキョロと周りを見渡したが女性用トイレは見つからなかった。「もうお腹が持ちそうにない。仕方ない、こうなったら『今だけ男』作戦だ」。大阪のおばちゃんたちが、女性用トイレが混んでいる時に適用するらしい、あの独自ルールだ。男性用トイレを借りるのだ。
大阪のおばちゃんのように「今だけ男やで〜」と心の中でつぶやきながら男性用トイレの入り口をのぞいた。よし、人もいないようだ。「今だ！」と思って入ろうとしたら、品の良い中年のおじさまと鉢合わせになった。おじさまは一瞬ギョッとした表情をしたが、すぐににこやかな笑顔で「ここは男性用ですよ」と優しく教えてくれた。英語がわからない外国人と思われたのだろう。「そんなこと百も承知だよ」と心の中でつぶやきながら、「ああ、そうでしたか。それは失礼」と、いかにも今知ったかのように装って、「ははは」と笑いながら外に出た。

おじさまがいかにもジェントルマン風だったので、「緊急なので男性用を使わせてください」と言う勇気が湧かなかった。おじさまが去ってから再アタックしようかとも思ったが、変態と思われても困る。あきらめた。そして近くの人に女性用トイレはどこにあるか聞いた。男性用トイレから少し離れたわかりにくいところにあり、猛ダッシュで駆け込んで難を逃れた。最初から、女性用トイレはどこにあるかを聞けばよかったのだ。「大阪のおばちゃん作戦」はタイミング悪く、失敗に終わった。

ところで、大阪のおばちゃんたちが使うジョークの一つ、あの「今だけ男」というのは他の国でも理解してもらえるネタなのだろうか。

いずれにしろ強烈で、パワフルで、たくましい、そして何より「おもろい」特徴をもつ集団「大阪のおばちゃん」は、世界的に見ても最強集団と言えるに違いない。

次は「あめちゃんいる〜?」作戦でもやってみるか…。

（1986年12月訪問）

This is not for ladies
kokoha otoko…ya…
by Toko

第3話　インド航空でアフリカへ
（インド　ムンバイ～ケニア　ナイロビ）

思い立って、アフリカに行くことにした。一番の目的はキリマンジャロ登山。経費削減のため日本からケニアのナイロビまでは格安のインド航空を利用することにした。

ナイロビ行きはなかなか手間がかかった。まず2種類の予防接種を受けなければならなかった。そのうちの一つは宮崎県内では実施されておらず、鹿児島県まで行った。また、インドのボンベイ（現ムンバイ）でストップオーバー（途中降機）するため、インドのビザも取得する必要があった。

出発当日、旅行や帰省時期のピークとあって当然ながらインド航空機内は満席。かなりの大人数なので、乗客全員が座席に着くだけでも相当の時間がかかった。離陸を今か今かと待っていたが、なかなか飛び立たない。しかもエアコンが効いておらず、汗がダラダラと流れた。しばらくするとアナウンスがあった。

「機体がエンジントラブルを起こしたので離陸までしばらくお待ちください」。

これにはあちこちからブーイングが起こった。エンジントラブルのせいで時間が遅れるだけでなく、エアコンも相変わらず動かない。サウナ室かと思うくらいの暑い機内でどれほどの時間を過ごさなければならないのか検討もつかず、気分が悪くなりそうだった。イライラして乗務員に怒声をあびせる乗客もいた。

そして待つこと3時間、機体は離陸の準備が整い、エアコンも動き出し、やっとこの蒸し風呂地獄から解放された。

飛行機が飛び立った安堵感の中、私はようやく眠りについた。しばらくしてやっと熟睡したところに「ホンコン？　ホンコン？」と、中国系の乗務員に体をゆすって無理矢理起こされた。この機体は途中、香港とデリーに止まって乗客が入れ替わる便だった。香港で降りそびれないように乗務員が行っているサービスらしい。もうろうとした頭で、私は不機嫌に「ノー」と答えた。

隣の座席を見ると、母と息子と思われる日本人親子が座っていた。２人が一生懸命読みふけっていたのが『深夜特急』というタイトルの本だった。後に、この本がバックパッカーのバイブルとも言われている、沢木耕太郎の著書だったことがわかった。

この親子はデリーで降りていった。その後、機内で別の日本人青年と知り合いになった。彼は今からインドの旅を始めるそうで、「ボンベイで飛行機を降りる」と話してくれた。

夜になってやっとボンベイに到着した。インド航空のバスで、ストップオーバーの乗客が宿泊するホテルに向かった。青年は宿をまだ決めていないようだったので、「私が今から向かうホテルに空室があれば、そこに泊まったら？」と勧めた。

ボンベイの空港から出て不気味だったのが野犬の遠吠えであった。青年は夜の一人歩きには慣れているようだったが、ただこの野犬を恐れていた。「夜、野犬に襲われるのはいやだ」と言って、インド航空の同じバスに乗ってホテルに向かった。

フロントで聞くと部屋は空いているようだったが、値段が高かった。バックパッカーの彼にとって、それは大きな支出のようで、あっさりそこでの宿泊をあきらめた。「こんな夜中に今から自力で宿泊先を探すのは大変じゃない？」と聞いたが、「なんとかなるだろう」と言い残し、彼はホテルを出た。何と無謀な…。野犬の遠吠えが、より一層勢いを増したように聞こえてきた。

翌日の夜、再びインド航空に乗り、ボンベイからナイロビへと飛び立った。ナイロビに着いたのは、ま

格安が魅力のインド航空であるが、利用したのはこの最初の1回きりだ。（1995年8月訪問）

たもや夜だった。ナイロビは赤道直下で暑い都市というイメージがあったが、空港内でも人々がセーターやジャケットを着込むくらい肌寒かった。

ナイロビの空港では、やたらと現地の人たちの視線が気になった。「なんでこんなにじろじろと見られているのだろう？」とちょっと不気味に感じるほどだった。ナイロビでの宿はまだ決めていなかった。「さぁ、今から自力で探すとするか…」。

その時、中年の日本人男性が私の存在に気づき、「日本から来たの？」と話しかけてきた。「まだ宿を決めていない」と言うと、「今から自力で探すの？　何と無謀な…」とあきれられた。前日の日本人青年とすっかり立場が入れ替わってしまった。その男性は宿を紹介し、さらにタクシーを止め、スワヒリ語で値段交渉までしてくれた。

私の初めてのアフリカの旅は、そんな感じで始まった。この初めての訪問を含め、アフリカには計4回行った。ケニア、タンザニア、モロッコ、南アフリカ、ジンバブエ、ザンビア、ボツワナ、エジプト。

第4話　キリマンジャロ登山での国際交流（タンザニア　キリマンジャロ山）

このエピソードは、２００８年（平成20年）、当時勤務していた宮崎市立生目台中学校で、全校生徒に向けて放送で話したものである。この年は、国語科の先生の発案で、月に1回「感話の時間（感動するお話を聞く時間）」というものが設定されていた。「生徒の心に響く話を」をスローガンに、職員が交代で自分の経験等を朝の放送で話す取り組みであった。私は迷わず、アフリカのキリマンジャロ登山の経験について話すことにした。


「ジャンボ、ハバリヤコ?」（スワヒリ語で「こんにちは、元気ですか？」）

アフリカの話をしましょう。

１９９５年8月、私はアフリカ大陸最高峰、キリマンジャロ山（標高５８９５㍍）に挑むべく、タンザニアにいました。

ウルフピークと呼ばれるキリマンジャロ山頂まで、３つの山小屋に泊まりながら行く、３泊4日の現地ツアーでした。ツアーには、私のほかに、スペイン人男性2名、スペイン人女性1名、アフリカ人ガイド2名、荷物運び兼コックのアフリカ人3名。計9名のチームによる頂上アタックです。スペイン人のその3名は英語を全く話せず言葉が通じなかったので、笑顔だけのあいさつでした。

マラングゲート（標高１５５０㍍）から登山開始。世界中から集まった何百人という人々が次々とこのゲートから出発していきました。みんな元気満々、余裕の登山です。

登山1日目の夕方、1泊目の山小屋であるマンダラハット（標高2729メートル）に到着しました。体力的にはまだまだ余裕でした。そして登山2日目。目指すは今よりさらに1000メートルほど高い、標高3780メートルの山小屋・ホロンボハットです。

標高3000メートルを超えたあたりから、私は他の登山者たちから遅れ始めていました。そんな時、私の先を歩いていたスペイン人女性が私のほうを振り返り、突然「ビエン？」と言いました。

「ビエンって何だ？ビエンって何だ〜？」。当然、英語ではありません。日本人である私の頭の辞書では、「ビエン」にあたる単語は、アレルギー性のあの「鼻炎」しか浮かんできませんでした。

"I don't have 鼻炎."（鼻炎ではありません。）と心の中でジョークを飛ばしていましたが、彼女に対して何と言っていいかわからず、結局、日本人特有の「笑ってごまかす」作戦で対応するしかありませんでした。

その後も2〜3回、そのスペイン人女性は遅れをとっている私に向かってまた「ビエン？」と言ってきました。私はまた先ほどと同じように軽い笑顔で対応しました。しかしその人が「ビエン？」と聞いてくる時は、笑顔ではなくちょっと心配そうな顔つきでした。ですからたぶん『ビエン』というのは私を心配して言ってくれている言葉なのでは？　英語で言うと『ＯＫ』くらいの意味かな？」と想像していました。

その後も、遅れをとっている私に「ビエン？」と聞いてきたので、私は勇気を出して「ビエ〜ン」と答えてみました。すると、心配そうにしていた

彼女が一瞬びっくりしたような表情になり、その後、すぐにあふれんばかりの笑顔に変わりました。この瞬間「私たちは心がつながった」と確信できました。

それからも、彼女は私に「ビエン？」と聞いてくれました。私が話せるスペイン語はこの「ビエン」だけです。「自分の体調は大丈夫だ」ということを彼女に伝えるため、私は「ビエン」の言い方を工夫するようになりました。体力に余裕がある時は元気に「ビエ～ン」と言い、疲れが出てきた時には、まず少しきつそうな表情を出してから、ちょっと小さな声で「ビエン、ビエン」と言いました。すると彼女は私に歩調を合わせてゆっくり歩いてくれました。

このように、私たちの会話のすべては、「ビエン？」「ビエン！」でした。「ビエン？」と聞かれて「ビエン」と答える。ツアーで始めて知り合い、お互い言葉も分からない者同士ではありましたが、気づくと私たちの間には、いつしかとてつもない信頼関係が生まれているように感じられました。

彼女のおかげで何とか2日目をクリアした私は、標高３７８０メートルのマンダラハット山小屋に到着しました。ここは富士山頂上とほぼ同じ標高です。そして周りを見ると、あんなにたくさんいた登山者は、ウルフピーク（キリマンジャロ山頂）を目指す登山者だけになり、しかもみんな疲れた表情をしていました。

２日目の夜が明け、キリマンジャロ山へのアタック３日目を迎えました。いよいよここからが正念場です。３日目の夕方に標高４８００メートルのキボハッ

トに到着さえしてしまえば、後は一気にウルフピークまで行けます。私の疲労もかなり溜まってきていましたが、キリマンジャロ山頂で自分が万歳している姿を想像すると疲れも吹き飛びました。

しかし、標高4000㍍を過ぎた頃から、歩くスピードが急に落ち、少し歩くだけでも息が苦しくなってきました。酸素不足で呼吸が困難になってきたのです。一歩歩くたびに、「はぁはぁ」と息を切らす状態が続きました。

それでも何とか、苦しみながらも標高約4800㍍のキボハットに到着しました。しかし、私の体力は限界を迎えていました。体の疲れはありませんでしたが、どうやら高山病にかかったようでした。これまで味わったことのない激しい頭痛とめまい。立っているだけでふらふらし、まるで目の玉が押しつぶされるような感覚でした。まっすぐに歩くことができず、目の前のものが大きく見えたり小さく見えたりし始めました。ガイドブックには、「高山病で死ぬ人もいるので注意」と書かれていました。

ツアーは、その夜の2時に山小屋を出発してウルフピークにアタックします。しかし、この状態では到底行くことはできません。そこで「ここでもう一泊し、高さに慣れてから挑戦したい」と思った私は「キボハットにもう一泊できないか」と、アフリカ人スタッフに交渉しました。しかし、答えは「ノー」。「もう予約でいっぱいでベッドの空きはない」とのことでした。当時、私は31歳。「今を逃すと、二度とキリマンジャロ山を征服することはできないだろう。この高山病さえ克服できれば行けるのに…」。私はどうしてもあきらめることができませんでした。

"200 dollars!"「200ドルではどうか!」。私は値段の交渉を始めました。「200ドルも出せば、ベッドの一つくらい何とかなるはずだ」という確信があったのです。しかし、年長のアフリカ人責任者が出てきて、私の顔を見るなり、"I'm sorry, madam."(申し訳ありません、マダム)と言い、とても悲しそうな表情でこう続けました。「どんなにお金を払われても、本当に一つの空きもないのです」。

私はハッとしました。そのアフリカ人の悲しそうな表情を私は一生忘れることはないでしょう。お金のある国から来た人が、お金のない国の人を侮辱してしまったように感じて、私はとても恥ずかしくてたまらなくなりました。結局、どうにもならず、泣く泣く下山を決定。アフリカ人ガイドに連れられて暗い夜道をただひたすら下界に向かって黙々と歩きました。その後、耳にしたのは「同じツアーで行った3名のスペイン人登山者は山頂アタックに成功した」といううれしい知らせでした。

日本人の中には、「英語が話せないから外国に行けない」とか「言葉が通じないから外国の人と友だちになるのは無理」と言う人もいます。

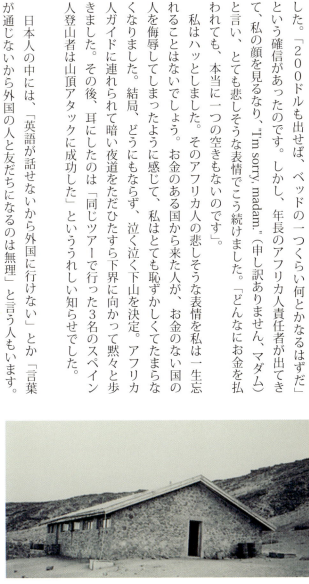

しかし、私の意見は違います。たった一言でも、その言葉に魂を込める、あるいは一言を通してでも、相手を知ろうと、または自分のことを伝えようと、努力するのかしないのか…。国際理解というのは、お互いわかり合おうとする気持ちから始まるものだと私は思います。「英語がわからないから…」というのは相手を知ろうとする努力から逃げているだけかもしれません。

たまにテレビで美しいキリマンジャロ山の映像を目にすることがあります。その時私の脳裏に浮かんでくるのは、あの時まるでアリのように山を下りたり登ったりしていた人の行列です。そこでは、山を制覇して降りてくる人、今から山を制覇しようとしている人たちが行き交じります。

彼らがすれ違う時にかけ合うのが「ジャンボ」という言葉です。「ジャンボ」はスワヒリ語で「こんにちは」という意味です。「キリマンジャロ山登頂」という同じ志を持った世界中から集まった人たちが、何人《なにじん》であろうと関係なく、「ジャンボ」というアフリカの一つの言葉でつながっている—。私はその一言に、国境を越えて人と人がつながっていくというロマンを感じずにはいられません。

以上で、今日の感話を終わります。

第5話　サファリツアーの思い出（タンザニア　ンゴロンゴロ自然保護区～セレンゲティ国立公園）

キリマンジャロ登山を終え、今度はサファリツアーに参加すべく、現地のツアー会社を探した。現地の旅行会社は数知れず、「さて、どの会社を選んだものか」と悩みながら歩いた。

その中の一つに「ンゴロンゴロ自然保護区、セレンゲティ国立公園をめぐる3泊4日のサファリツアー」のポスターが目に入り、ビルの2階のオフィスを訪ねた。最初の言い値は２４０ドル。私が返事をしぶっているとどんどん値段が下がり、１７０ドルになった。旅行会社としては、出発が翌日に迫ったこのサファリツアーにどうしてももう一人追加したかったのだろう。「もうこれ以上は下げられない。このツアーでは破格の値段だ」と言われ、「確かにそうだろう」と納得して申し込んだ。

ツアー参加者は合計4人。1人は20代半ばでおしゃべり好きの男性「マーク」、もう1人は20歳になったばかりの細身の男の子「ジェームズ」、20代前半で活発なスウェーデン人の女の子「レベッカ」、そして私を加えた4人だった。

ジープに1人、また1人と乗り込むたびに、"Hi."というあいさつから

始まる簡単な自己紹介を交わした。マークがイギリス人とわかり、何気なく"Are you from England?"「イングランド出身?」と聞いてしまった。これに対してマークは少しムッとしたような表情で"No. Scotland."「いや、スコットランド」とぶっきらぼうな返事をよこした。日本人が海外旅行先で「東京出身?」と聞かれるのとはわけが違う。国内の場所は違えど同じ文化、考え方を持つ我々日本人とはレベルの異なる歴史的背景と感情がそこにはある。

開閉式の屋根がついたジープでのツアー

ひと昔前、あくまでも私の経験で言うと、日本の英語授業においては「イングランドがイギリスの代表」という図式があった。イギリスがもともと四つの王国から成り立っていて、それぞれに違う文化を持ち、誇り高い民族であることは、実際にイギリスに半年間住んでみて実感として初めてわかったことだ。スコットランド出身のマークにとっては、「イングランドと一緒にしてほしくない」という民族の誇りがあったのだろうか。対してジェームズは、イングランド出身で、あっけらかんとした青年だった。

ツアーのガイドはベテランの現地スタッフで、ジープの運転手も兼ねていた。人柄が顔に出ているような優しい面持ちで、実際の名前かどうかはわからないが、"Call me Lucky."「ラッキーと呼んでくれ」と私たちに自己紹介した。同行のコックは英語を全く話せなかったが、陽気で明るく屈託のない人物だった。サファリツアーの前に参加した、苦しく厳しかったキリマ

ンジャロ登山ツアーに比べ、サファリツアーは楽しさいっぱい、笑顔いっぱいのツアーだった。

初日はマサイ族の村を訪れた。「マサイ族の人たちの写真を撮るのは厳禁」とガイドブックに書かれていたが、ツアーで会ったマサイ族の一部の人たちは、自分たちの写真を観光客に撮らせて収入を得ているようだった。

2日目、3日目は、ンゴロンゴロ自然保護区、セレンゲティ国立公園をジープで回り、数々の野生動物を間近で見て、興奮しっぱなしだった。食事もよかった。同行のコックがココナッツミルク入りトマトスープの野菜煮込み料理をぐつぐつ煮ているのを4人で囲み、今か今かとおしゃべりしながら眺める時間が大変贅沢に思えた。

夜はテントでの就寝だった。私はレベッカと狭いテントをシェアした。レベッカはまるでネイティブのようにきれいな英語をしゃべった。私が彼女の名前をカタカナで書いてあげるととても興味を示し、寝るまでの時間は日本語レッスンの時間となった。そのうち、いつの間にか2人とも眠りにつき、次の日の朝目覚めて仰天した。テントの裏に、一頭の大きな象がじっと動かずこちらのほうを凝視していたのだ（写真）。

ジープに乗りながら間近に野生動物を見るのは大変楽しいと感じたが、このように無防備な状態で、目と鼻の先ほどの近い距離で野生動物を見るのは相当恐ろしかった。象がこちらに向かってきたらどうしようかとドキドキしたが、私たちが朝食を食べている間にいなくなっていた。

3日目の朝には、さらにびっくりすることがあった。ジープのルーフ（屋根）がなくなっていたのだ。誰が、何の目的で、どのようにしてルーフを外して持っていったのか、全く見当がつかなかった。こんな状況になって、普通ガイドは慌てふためくか落ち込むのであろうが、ラッキーはただ笑いながら〝No problem.〟「問題ない」を連発していた。「いや、これは問題だろう」と私は思ってしまったが、他の3人もまるでジョークを聞いた時のようにただ笑うだけだった。

アフリカ旅行中に何人かの日本人旅行者に出会って「そうだよねー」とお互い共感したのは、「現地の人たちは何かにつけ〝No problem.〟(問題ない)と言う。たとえそれがかなり問題ありの事柄でも。結局彼らの〝No problem.〟の意味は、『なんぼなんでも死ぬことはないよ』くらいの意味だよ」ということ。これは出会う人出会う人が同意した。

その夜4人で集まり、ガイドのラッキーとコックにお礼として渡すチップの相談をした。その習慣のない日本人にとって、このチップは迷ってしまう場面が少なくない。「いっそ相場なるものが決まっていたら、いくら払おうかなんて悩まずに済むのに」と何度も思った。しかし、今回だけはこのチップの習慣に感動を覚えた。

セレンゲティ国立公園

「チップをどうしようか」と話を切り出したのはマークだった。彼がリーダーシップをとりながら話し合いは進んだ。私たち一人ひとり予算を考えながら金額を決めていったのだが、決めるまでの話し合いがとても人間的だったのだ。「決まった額を払えばいい」「仕事なのだからサービスするのは当たり前」、日本人である私はついそのような考え方をしがちだったので、チップの額を話し合って決めるという経験は新鮮味があり、かつ人情味を感じた。

「これくらい払っても惜しくない。ラッキーはこんなこともしてくれたし、あんなに気を遣ってくれた」「コックの料理はとてもおいしかった」。チップの額を決めるのに、それぞれが2人にお世話になって良かったことを思い出しながら、「これくらいは払っていいよね」と最終的に金額を決めた。ラッキーとコックの笑顔を想像しながら…。

その時、ジープの屋根がなくなったことなんて何の問題にもならなかった！（まさに"No problem!"）日本でもしこういうことがあったら、たぶん最初に「責任の所在は？」なんていう話にならないだろうか。

４日目、ナイロビに向かう途中「モシ」という町に寄った。キリマンジャロコーヒーの本場らしい。ここから見たキリマンジャロ山が最高にきれいだった。「あの山の４８００メートルまで、ついこの前登ったんだよなー」と、しみじみと感慨にふけりながらその霊峰を見上げた。ツアー客4人揃ってまだ1枚も写真を撮っていなかったので、キリマンジャロ山を背景に1枚写真を撮ってもらった。これが、ツアー中にラッキーが私たちにしてくれた最後のサービスとなった。日本に帰ってプリントしたその写真の４人は、まさにとびきりの笑顔だった。

（１９９５年8月訪問）

第6話　ああ勘違い（メキシコ　メキシコシティ）

ホテルまではタクシーで向かうことにした。料金メーターのないタクシーに乗る時は、最初にドライバーに値段を確認した上で乗車するというのが海外旅行での鉄則だ。ホテル名を告げたあと、"Three US dollars OK?"「3ドルでＯＫ？」と交渉し、わざわざ1ドル札を3枚見せて相手がうなずくのを確認してからタクシーに乗った。後から料金をふっかけられないように、車が動き出す前に3ドルを支払った。ドライバーは英語が話せないようだった。

タクシーが走り出してしばらくしてから、それまで無言だったドライバーが突然スペイン語で何かしゃべりだした。先ほど支払った3ドル分の紙幣を右手に握りしめ、それを後部座席の私のほうに向かって上下に振りながら何か文句のようなことを言っている。

「何を言っているのだろう？　3ドルでは足りないというのか？　もっと払えという意味だろうか？その手に乗るか！」。

私はとっさに後部座席から運転席のドライバーの首ねっこに左腕を回した。タクシーのスピードが減速したところで、今度は右手でドライバーが握りしめていた3ドルをもぎ取った。ドライバーは観念したのか抵抗することなく、されるがままだった。

怒りを爆発させた私は、"I will get off here."「ここで降りる！」と甲高い声で言い放ち、走っているタクシーのドアを少し開けた。ドライバーは私が飛び降りるのではないかと思ったのか、慌ててブレーキを踏みタクシーを止めた。

3ドル分の紙幣を握りしめながらタクシーを降り、私は車のドアを力まかせにバーンと閉めた。「なんていうドライバーなんだ。こんなことにならないように最初に値段交渉したというのに…」。怒りが収まらぬまま、ホテルがあると思われる方向に向かって一直線に歩き始めた。タクシーは私が進む方向と反対方向に走り去っていった。

少し歩いたところでふと後ろを振り返った。すると、先ほど走り去ったあのタクシーがUターンして猛烈な勢いでこちらに向かってきているではないか。ドライバーは窓を開けて顔を出し、こちらに向かってワーワー何か叫んでいる。「やばい!」。首を押さえつけながらお金をむしりとったことに抗議しに戻ってきたのか? 私はキャリーバッグを引きながら、必死で走って逃げた。ドライバーはさらに声を荒げてこっちに向かってくる。

すぐに追いつかれてしまった。彼は、私が向かっていた方向とは反対の方向を指で指しながら、「オテル　オテル」と叫んだ。「オテル?」と言いながら示された方向を私が指さすと、彼は「シー、シー」(はい、そうです)と言って再びUターンし走り去った。

私はようやくすべてを悟った。つまりあのドライバーは、私がホテルと逆の方向に向かって歩くのを見て、親切にもわざわざ戻ってきて「オテル(ホテル)はあっちだ」と教えてくれたのだ。何て素晴らしいドライバーなのだろう。走っていくタクシーに向かって私は「グラシアス」(ありがとう)と頭を下げた。

この日の夜、宿泊したホテルでスタッフにこの話をした。「きっとそのドライバーが最初に言っていたのは、ドルじゃなくペソで払ってほしいということだったんじゃない?」と、その人は話してくれた。

「しかしその運転手たまったもんじゃなかったね。後ろから首しめられるわ、お金はもぎ取られるわ、あげくの果てにわざわざ戻って道を教えてくれたなんてね」と大笑いされた。

（上）古代都市テオティワカン：「月のピラミッド」から望む「死者の大通り」（写真中央）と「太陽のピラミッド」（写真左側）（メキシコシティ北東約50㌔に位置する）

（上）オアハカ州にあるモンテ・アルバン遺跡。中央アメリカ最古の遺跡といわれている。

屋台の大きな鍋で、牛肉ブロックと一緒に煮られている味のしみ込んだネギが絶品だった

メキシコシティにある世界最大規模の闘牛場「プラサ・デ・メヒコ」

親切なドライバーのおじさん、あの時はごめんなさい。

（2001年8月訪問）

第7話　マザー・テレサに出会えた奇跡（インド　コルカタ）

インドの町はどこも混沌としていた。牛、人、犬、車、バイク、自転車、オート・リクシャー（3輪タクシー）が、交通ルールのない通りで思い思いの方角に進んでいる。いかにも無秩序というものを目の当たりにしているような、そんな印象だった。その町の中でも、カルカッタ（現・コルカタ）は、より刺激的な都市だった。ホテルの客引き、「バクシーシ」（お恵みを）と言い寄る人、そして何か怪しげな佇《たたず》まいでこちらをじっと凝視している人など、通りには様々な人々がごった返しており、歩くたびにいろんな人から声をかけられ、なかなか前に進めないほどだった。

やっと地下鉄に入り、ビクトリア駅に向かおうとしていたところ、英語で声をかけてくる人がいた。身なりがきちんとした男性で、大学生風のさわやかな感じの青年だった。「自分はバングラデシュ人でカルカッタ大学の学生だ」と告げ、にこやかに微笑みながら「どちらに行くのですか？」と尋ねられた。私が行こうとしていた場所を告げると、彼もちょうど同じ方向に行こうとしていたそうで、途中まで案内してくれることになった。

彼は歩きながら目に触れる建物や町の様子などについて流暢な英語で説明を始めたかと思うと、こちらの疲労を察したのか、「ちょっと一休みしましょう」と木の陰になっていたベンチに腰を下ろした。その時に彼が話した内容に胸が高鳴った。なんと彼は大学に行きながらマザー・テレサハウスでボランティアをしているというのだ。「えー？」と思わず驚きの声が出た。「あの有名なマザー・テレサ…？　ノーベル平和賞受賞の…？　マザー・テレサと接点のある人に偶然出会うなんて何とラッキーな」。

私の驚いてうれしそうな表情を見たからか、「マザー・テレサに会ってみたいですか？　今日の夕方ボランティアに行くので連れていってあげますよ」と尋ねられた。「もちろんですとも！」。こんなチャンスが訪れるなんて信じられない、とますます胸が高鳴った。さらに驚いたことに、マザーと一緒に写真も撮れるというのだ。まさかとは思ったが、ボランティアとしてマザー・テレサハウスでお手伝いしている彼なら、特別にそのような願いも聞いてもらえるのだろうか。

もし一緒にマザーと写真が撮れるなら一生の宝物になる。心が震えた。「何枚欲しい？」と聞かれ、「じゃあ3枚お願いします」と答えた。彼が差し出した紙の切れ端に、"Yumi Tometsuka, 3 photos"「ユミ　トオメツカ　写真3枚」と書いた。その後、歩きながらいろんな話をしたが、宿泊するホテルの前まで来たので、「では午後4時半にホテルの前で待ち合わせしましょう」と、2時間後にまた会う約束をして別れた。

一旦部屋に戻って少しゆっくりして、約束の時間の15分前にはホテルの外に出た。しかし、約束の4時半になっても彼は来なかった。それからさらに30分待ったが、まだ現れなかった。

「おかしいな、先にマザーハウスに行ってるのかなぁ？」。

これ以上ここで待って、マザー・テレサハウスに行きそびれるのは何としても避けたかった。仕方なく1人でオート・リクシャーに乗り、マザー・テレサハウスへと向かった。少し暗くなり始めていたので、通り沿いの照明がつき始めていてきれいだった。

「よし、写真を撮っておこう」。バッグからカメラを取り出そうとした。

「あれ？　カメラがない」。手を奥まで入れて探したが、やはりなかった。「おかしい…。どこかに落としたか？」。しかし、この日は1枚も写真を撮っていなかったので落とすはずもない。その時、ピンと嫌な予感がした。「もしや、あの彼が…？」。いろんな可能性を考えてみた結果、昼間出会ったあのカルカッタ大学の学生しか考えられないという結論に行きついた。

「そうか、最初からそれが目的だったのか」。地図を片手にとまどっている感じの観光客を見つけてターゲットとして狙いを定め、会っていきなり「カルカッタ大学の学生だ」と名乗って流暢な英語で話しかけてきたのも計算ずくめだったのか。とどめは、「あの有名なマザー・テレサに会える」と切り出せば、興味を持たない観光客はいない。カルカッタ大学の学生であることも、マザー・テレサハウスでボランティア活動をしていることも、すべて真っ赤なウソだったのだ。「やられた!」。

しかし、いつバッグからカメラを抜き取ったのだろう。「そういえば…」と思い当たる節があった。別れる間際に少しの間バッグを彼に持ってもらった時間があった。スーツケースを引きながら移動していたので、いかにも紳士らしく「バッグを持ちますよ」と言われ、つい油断して預けてしまった。楽しい会話の後で気の緩みがあった。そのほんのわずかな時間にカメラを抜き取ったのだ。ただ、お金はバッグには入れていなかった。バックパッカーの常識として、どこにあるのかわからないように身に着けている。彼はお金を狙っていたのであろうが、入っていなかったので「カメラだけでも」と思ったのだろう。だまされたことが悔しいというより、「マザー・テレサと写真が撮れる」という話がウソだったことに、ショックのあまりため息が漏れた。

ちょうどそのため息をついたと同時に、オート・リクシャーはマザー・テレサハウスに到着した。ハウスの入り口にはすでに40人ほどの西洋人がドアの前でミサの時間を待っていた。6時からのミサに参加するのであろう。

ドアが開いた。彼らに交じって私もホールになだれ込んだ。そこは神聖な場所だった。ホールの十字架の前でシスターたちが熱心に祈りを捧げていた。西洋人たちもみな同じように手を合わせていた。アジア人は私1人。キリスト教徒ではないが、同じようなスタイルでお祈りをしてキリスト教徒のようにふるまった。言葉を発する者は誰もいなかった。

しばらくすると1人のシスターが入ってきた。

「マザーは最近体調がよくないのですが、今日は体調が良くて皆さんにごあいさつしたいそうです」と告げた。すぐにもう1人のシスターが車椅子を押しながら入ってきた。その車椅子にちょこんと座っていたのは、大変小柄な高齢の女性だった。マザー・テレサその人である。

車椅子がホールに入るなり空気が一変した。神々しい雰囲気とはまさにこのことだ。お祈りをしていた西洋人たちは、まるで神様を見るようなまなざしで一斉にマザーのほうを注目した。圧倒的なオーラ。マザーは何も言葉を発しなかった。両手を胸の前で合わせて軽くお辞儀をして、ただそれだけだった。そのあと車椅子はスッとホールから去った。


この奇跡の瞬間から約３週間後の１９９７年9月5日、マザーは天国へと召された。

（１９９７年8月訪問）

第8話「イエス」か「ノー」か（モロッコ　タンジェ）

モロッコへ行くつもりではなかった。スペインのアンダルシア地方をゆっくり旅する予定だった。しかしガイドブックにあった1文、「2時間でアフリカへ」を目にして、ふと興味を持った。「ここスペインからフェリーでわずか2時間でアフリカ大陸に行けるのか…」。

「じゃあ、ちょっとアフリカの空気を吸ってくるか」と、そんな軽い気持ちだった。モロッコのガイドブックも持っておらず、あくまでも日帰りの予定だった。2時間で本当にアフリカに行けるのか少しばかり不安はあったが、すんなりとアフリカ大陸に上陸できた。

　上陸した街は、モロッコ北部の港町、タンジェ。迷路のようなその町並みに、イスラム文化漂う異国情緒を味わうことができた。しかも耳にする言葉がスペインとはがらりと変わっていた。アラブ語とフランス語が飛び交う様はこれまで体験したことがなかった。

　タンジェの街を堪能し、「ぼちぼちスペインに戻るか」、そう思った矢先、後ろから「マダーム、マダーム」と声をかけてくる人がいた。振り返ると、やせてヒョロッとした1人の青年が立っていた。汚れたボロボロの白いTシャツを身にまとい、足には古いビニールサンダル。彼は黙って右手を自分の口の前に持ってきて、ムシャムシャと何かを食べる素振りをして、その右手を私の前に差し出した。つまり、「何か食べる物をくれ」、あるいは「食べ物を買うお金をくれ」という意味だろう。

　私は、首と右手を左右に振って断り、すぐさま再び歩き出した。彼はしぶとかった。私のあとをしつこく追いかけてきて、「マダーム、マダーム」と呼び、さっきと同じジェスチャーをしながらお金の無心を続けた。無視して歩いていたが、あまりにもしぶとくあとをついてくるので、通りにあったカフェに入ってしばらく時間をつぶすことにした。

「さて行くか」。カフェを後にした。すると、後ろから同じ歩調で歩いてくる人がいた。驚いたことに、先ほどのやせこけた青年だった。「マダーム、マダーム」とまた同じように呼びかけてきた。カフェから出てくるのを待ち伏せしていたようだ。

　さすがにそのしつこさには辟易《へきえき》し、無視してザクザク前に進んだ。すると青年は次の行動に出た。後ろから突然走ってきて、私のズボンの右ポケットに手を突っ込んだのだ。「そこに小銭が入っている」と思ったのだろう。しかし、旅慣れしている私がポケットに金目のものなど入れるはずがない。彼は、手に何もつかまずそのまま走り去ろうとした。

彼のこの予期せぬ行動に私はすっかり気が動転してしまった。逃げようとする彼のTシャツの襟首をつかむとぐいと手前に引き寄せた。自分でも思わぬ力が出たようで、青年の目は明らかに驚き、おびえていた。無理もない。女性観光客が、悲鳴を上げるでもなく、呆然とするでもなく、男性さながら襟をぐいとつかみ上げたのだから。彼はそれを振り切り、逃げた。

つかんで引き寄せたはずみで彼のサンダルの片方が脱げた。そのサンダルを拾って「この野郎！」とばかりに思い切り彼に向かって投げつけた。サンダルが直撃し、彼は体勢を崩した。そのはずみで今度はもう片方のサンダルが脱げ、彼は裸足で駆け出した。残されたもう一つのサンダルをつかみ、彼が走っていった方向に向かってまた投げた。近くにいた現地の男性３名が「どうした？」と駆け寄ってきた。

「パスポートＯＫ？」。

「ノー」。

「マネーＯＫ？」。

「ノー」。

気が動転した状態のまま、私は何も考えず「ノー、ノー」と言い続けた。この答えに男性３名はすっかり私がパスポートとお金を取られたと思い込んだようで、青年を捕まえるために彼が逃げていった坂道を駆け上がっていった。私も一緒に坂道を駆け上がった。すると、坂の上からポリスが下りてきた。その隣には、ポリスに手錠をかけられたあの青年がいた。

ポリスは青年を指さしながら目で尋ねた。「こいつか？」。私は「イエス」と答えた。

「やっぱりおまえか」という仕草でポリスは青年を大通りに引きずり出し、道路にひざまずかせた。青年は、首を横に振りながら「ノー」と言い続けた。ポリスはまた私のほうを見た。私はまた首を縦に振り「イエス」と頷いた。それを見たポリスは青年のほうを向き、今度は「このウソつきが」と言わんばかりに青年にビンタをはった。青年は大声で「ノー」を連発した。ポリスはまた私のほうを見た。私は再び首を縦に振り「イエス」と答えた。青年は再び強烈なビンタを張られた。

「状況を聞きたいので一緒に来てくれ」と言われ、私はパトカーに乗って警察署に行った。薄暗い署内のテーブルで、被害届なるものを書くことになった。「困った…。何も取られていない…」。やっと気持ちが落ち着いて、実は何も取られていないことを話した。

「パスポートＯＫ？」。

「イエス」。

「マネーＯＫ？」。

「イエス」。

署のスタッフは、少しぽかんとした様子だった。

その間、あの青年は手錠を柱につながれワーワーと何か叫んでいた。見た感じ、署のボスと思われる年配のポリスが出てきた。彼はとても小柄だった。柱につながれている青年のほうに歩いて行くと、ヒョロッとした青年を見上げ「この野郎」と言わんばかりにビンタを張った。

その後、警察の人たちから親切な言葉をいろいろかけてもらい、署をあとにした。

この日のうちにスペインに戻ることは、あきらめた。時間的にも無理だったのだが、一番の理由は、ひったくられそうになったというマイナスのイメージだけでこのモロッコ訪問を終わらせたくなかったからだ。せっかくここまで来たのだから、何かちょっとでも「良かった」と思える経験をするか、良いものを見てスペインに戻りたかった。

あの青年はあの後どうなるのか、現地の人に聞いてみた。すると次のような答えが返ってきた。

「未遂だったとしても、観光客に迷惑をかける行為はここでは許されない。観光客が減ると、観光客相手に生計を立てている我々のような者にとっては死活問題で、その罪は重い。おそらく彼はしばらく警察署に拘留されるだろう」。

これを聞いて少し考えた。もし、あの時…、現地の男性たちから「パスポートＯＫ？」「マネーＯＫ？」と聞かれて、「ノー」ではなく「イエス」と答えていたら…。

状況はかなり違っていただろう。３名の男性は青年を追いかけることもなく、青年は逃げて坂を駆け上がる必要もなく、ポリスも青年を見て不審に思わず、したがって彼は手錠をかけられることもなかっただろう。ただ、もしそうなっていたならば、次は他の誰かが同じようなターゲットになっていたはずだ。

このエピソードを生徒たちに話すと、彼らは決まって「先生ひどい」と言う。

いやいや、青年にとっての計算違いは、ターゲットにした相手を間違えたということだ。

（２００２年８月訪問）

第９話　南へ、また南へ（モロッコ　マラケシュ）

タンジェでのハプニングがあり、早くここから出て別の街で良い思い出を作りたいという気持ちになっていた。「次はどこへ行こうか」と考えていた時、来る途中に乗ったフェリーで知り合ったモロッコ人から「アシラ」の話を聞いたのを思い出した。

タンジェに行って、その日のうちにスペインに戻る予定であることを彼に話すと、「わざわざモロッコに行くのに、なぜアシラを訪れないのか」と言われたのだ。「アシラはとてもきれいな街で観光客に人気があるのに、アシラじゃなくてタンジェ観光?」と不思議がっていた。「タンジェからはバスで1時間ほど」ということだったので、この日はアシラに行って1泊し、次の日スペインに戻る計画に変更した。

アシラはタンジェと同じく海岸の街であったが、タンジェとは全く景観が異なっていた。海岸に沿って真っ白な建物が建ち並び、そのまぶしい白が、空の青、そして海の紺との見事な色彩のコントラストを描き出していた。まるで絵はがきで見るような美しい景観だった。建物は白で、その建物と建物の間もまた白く塗られており、サッカーをしている少年たちもいた。さらに歩くと海岸にたどり着き、大勢の観光客が海を見つめていた。海からの涼しく心地よい風を受けて、みな幸せそうな表情だった。「モロッコに来てよかった」と思えた瞬間だった。「今夜はここに宿泊し、アシラでのいい思い出を携えてスペインに戻ろう」。

海岸から宿に歩いて戻る途中、道ばたでモロッコ人女性と話す機会があった。彼女は言った。「わざわざモロッコに来たのに、なぜカサブランカに行かないの?」。

「カサブランカ…? ああ、あの有名な映画『カサブランカ』の舞台の街か…。そうか、『カサブランカ』ってモロッコにあったんだ」。カサブランカという街の名前はあまりにも有名だが、それがモロッコにあるとは結びついていなかった。しかもガイドブックを持っていないので、モロッコに関してはまったく無知だった。

「では、せっかくなのでカサブランカまでは行ってみるか」。翌日バスで数時間かけてカサブランカに行った。そこには、カフェにたまってミントティーを飲んでいる白い衣装をまとったイスラムのおじさんたちがたくさんいて、ゆったりまったりしている様子を眺めるのがなかなか面白かった。通りを歩いていると、おじさんたちから親しげに声をかけられた。「今からどこへ行くの?」。「明日スペインに帰る」と話すと、こう言われた。「わざわざモロッコに来たのに、なぜマラケシュに行かないのか」。

「マラケシュ? 歌の歌詞にあったような…、なかったような…」、その程度の知識しかなかった。「えぇい、こうなったら行ってみよう」。バスでさらに南下してマラケシュまでやってきた。マラケシュは、立っているだけで汗がダラダラ流れるほど暑かった。そして、すぐに体が埃まみれになった。

マラケシュのホテルで若いスタッフから親しげに声をかけられた。「知り合いに日本人がいて東京に住んでいる」と。その子が「夜に旧市街地の広場に行くといいよ」と教えてくれた。

ジャマ・エル・フナ広場と呼ばれるその場所は、活気あふれる巨大な屋台村だった。所狭しと露店が立ち並び、シーフードのお店、ソーセージのお店、羊肉のお店、スイーツ、ドリンク、雑貨、土産物、何でもあった。客を呼び込む声、ごったがえしている人また人、店の明かり、喧噪、そのどれもがパワフルだった。

マラケシュの観光を堪能し、もうお腹いっぱい。「ずいぶん南まで来たが、明日はいよいよスペインに戻るぞ」と、モロッコを後にする準備を始めた。帰りのバスのチケットを求めて旅行代理店に行った。チケットを買おうとしたら、そのスタッフからこう言われた。

「わざわざマラケシュに来たのに、なぜサハラ砂漠を見て帰らないのか?」。

(2002年8月訪問)

第10話　サハラ砂漠にひとり（モロッコ　サハラ砂漠）

マラケシュのツアー会社に行った時、大きく広告が出されていたのがサハラ砂漠へのツアーだった。スタッフの説明によると、マラケシュを出発し、アトラス山脈の絶景を見ながら峠を越え、サハラ砂漠の起点となる街・ワルザザードへと向かい、そこでカスバの要塞都市（写真）を見学して村を訪れたあと、ホテルに宿泊。翌日は、切り立った渓谷を訪れ（P43写真上）、サハラ砂漠の入り口・メルズーガへ向かい、そこからラクダに乗って、砂漠の中で1泊して、再びマラケシュに戻るという2泊3日のツアーだ。

最初はツアー料金約8万円という法外な値段をふっかけられた。「そんな高額なツアーは聞いたことがない」と断ると約2万円に下がり、さらに値下げ交渉を試みた。すると、いよいよ真顔になって「これ以上は絶対無理」と言い出したので、その値段で申し込みをした。この内容で2万円はお得だった。

次の日、ツアーのバスはマラケシュを出発し、アトラス山脈の峠を越えていった。バスの中から見た山脈の絶景に圧倒されっぱなしだった。切り立った山肌、うねりのある岩の連なり、目の前から後ろのほうまで茶色一色で覆われたむき出しの自然―。まるで自然が人間におおいかぶさろうとしているかのような勢いと圧迫感があった。わがふるさと日本で見る山といえば、緑に包まれ、石清水《いわしみず》の沸き出る、鳥のさえずりが心地よい、「人と自然の共存」というキャッ

チコピーがよく似合う景観だ。「自然は優しい」という日本での考えが、この景観を見た時だけは「自然は怖い」に変わった。

夕方になって、夕日が山脈の茶色い山肌をオレンジ色に染め始めた。そのむき出しの山肌に面した断崖絶壁の崖の手前には、数頭のラクダが座し、山肌のほうを向きながらのんびりと草を食《は》んでいた。それはバスの移動中に見えたほんの一瞬の風景だった。この一瞬の間に、万人の想像をはるかに超えた「悠久の時間」なるものを感じた気がした。

「この大自然に人間が入り込む隙間なんてない」と思えるほど、地球はやっぱり自然が支配しているのだと実感した。この風景は20年近く経った今でもはっきりと脳裏に焼き付いている。

カスバの街やオアシスの風景（写真下）、その土地で暮らすベルベル族も印象的だった。

2日目に訪れた切り立った峡谷も、再び「自然は怖い」という気持ちにさせるほどの迫力があった。そこで見た衝撃の場面はというと、ラクダの「こぶ」が潰れてぺったんこだったこと。そのラクダは「こぶ」の栄養を使い果たしてしまったのか、皮だけが残っていた。歩くたびにその皮が右に左にぐにゃぐにゃ揺れていた。笑いを通り越して、私には衝撃だった。

ツアーには20名を超える客が参加していた。参加者は、そのほとんどが20代前半と思われる若い欧米人で、アジア人は私1人だけだった。おそらく30代での参加者も自分1人だけと思われた。

メルズーガと呼ばれる地点に向かい、ジープでラクダの待機場所まで移動した。ラクダに乗って1時間ほど移動したところに、旅行客専用のキャンプ場（P45写真上）があった。砂漠の真ん中にフェンスで円形に囲まれた一角がぽつんとあり、その中にテントがいくつかあって、旅行者が寝る時に使うマットも用意されていた（P45写真下）。

私が「トイレは？」というバカな質問をすると、ガイドは笑いながら「Everywhere（どこでも）」と答えた。

みな薄暗くなるのに合わせて円形のフェンスを出て、少し離れたところまで移動して用を足していた。

円形のフェンスの後ろには、私たちを連れてきてくれたラクダが、みんな同じ方向を向いておとなしく一列になって座っていた。そのラクダたちの様子の何とかわいかったことか。ちょっぴりコミカルにも思えたこの光景に、ほっと心が癒やされた。

夕食は、モロッコ名物タジン料理だった。モロッコに来て感激したものの一つがこの料理だった。あまりの手軽さとおいしさにすっかりはまってしまい、帰国してからもタジン鍋を購入し、自分で何度か作ってみた。

夕食時、ガイドの提案でみんなで輪になり、英語で自己紹介をした。ガイドはまだ若かったがなかなかのやり手で、自己紹介を上手に盛り上げた。みな出身地と名前と、何か一言をコメントしていった。私は名前をフルネームで紹介したが、その後ガイドから「ジャパン」と呼ばれたことで、このツアーの間ずっと「ジャパン」というニックネームで呼ばれるようになった。

就寝の時間となった。旅行者一人ひとりに用意されたマットが一つの大きな輪を描くようにして敷かれた。毛布やタオルケットなどはなかった。かぶるものも天井もない場所で、夜が寒くないか不安だったが、実際は寝るのに快適な温度だった。虫が出る心配もなかった。砂漠の夜空を見上げながら、いつの間にか眠りにつ

いた。

翌朝、起きてみると、若者たちが砂漠に登る朝日を見るために早起きしていた。私も眠気を吹き飛ばし、急いで起きた。若者たちと一緒に近くの砂の丘に登った。砂漠は昨日の風景とは異なっていた。砂なので、風の影響でその都度姿を変えるのだ。丘の頂上まで登ったところで下を見下ろした。その非日常的な光景に若者たち、そして私もわくわくが止まらず、思わず大きな雄叫びを上げた。

視界に入ってきたのがこの大自然の端っこにいた、たった1人の人間。その景色に感動して1枚シャッターを切った（次ページ写真）。

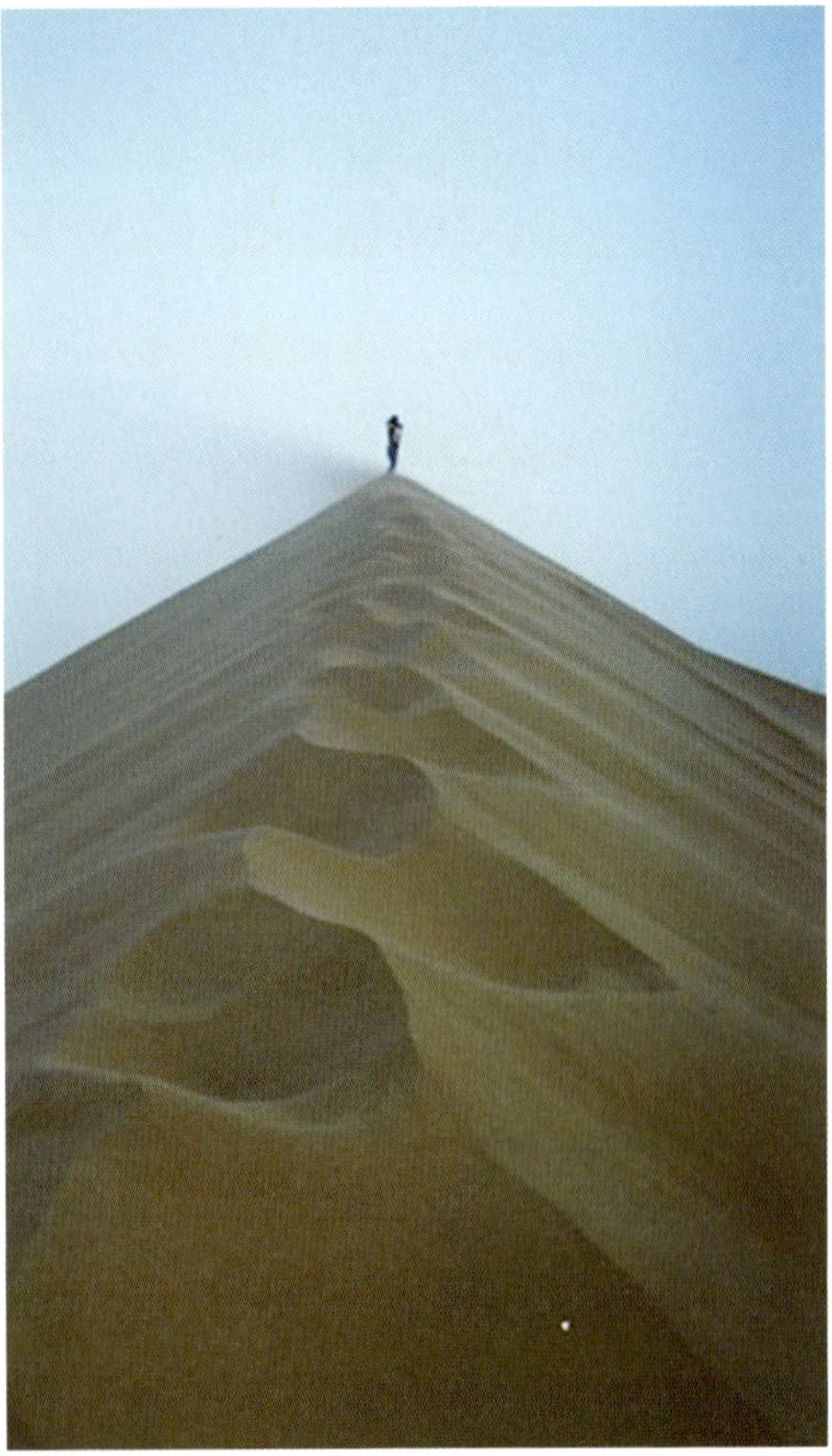

テントに戻り、朝食をとって、ラクダに乗る時間までのんびりした。まわりにあるのは砂ばかり。目に入るものの色はすべて薄茶色。時間の流れがとてつもなく遅く感じた。

ラクダ引きのモロッコ人スタッフが、砂漠のツアーを気に入ったか聞いてきた。「最高だった」と答えると、彼はにっこりして続けた。「少し料金を上乗せしてもう1泊すると、また別の場所に連れていってあげるよ。もう少し先にいくと、ここよりずっといい景色が見れるよ」と。これは個人交渉だった。彼の提案に応じるには、旅行会社の添乗員と交渉して帰りのバスを明日に変更する必要が出てくる。

「サハラ砂漠に来るのもこれが最初で最後かもしれない」と心が揺れた。「もっとすごい景色を見ておくのも悪くないかも…?」。しかし一方で、「たったひとりここに残って何かあった時に誰に助けを頼めばいいのか…?」とか、「もっといい景色といったって、行っても行ってもあるのは砂ばかり。こんなところにあと24時間もいたら気が変になるかも…?1分が数時間、いや数日のように感じるに違いない…」とか、いろんなことを考えたらぞっとした。

そして、やっぱりこの日は予定通り、サハラ砂漠を出てバスでマラケシュまで帰ることにした。マラケシュからは、来た道とは違うルートでタンジェに戻ることにした。また違う景色を楽しめるかもしれないからだ。

フェズという街まで、料金の安いローカルバスで移動した。しかし、これが間違いだった。ローカルバスは速度も遅く、いろんな場所で止まるため、予定の3倍くらい時間がかかった。途中で吐き気を催し、1分が数時間のように思えた。運転手に「気分が悪いから少し降ろしてくれ」と頼み、道路の端っこで嘔吐した。その後は体調が回復し、目的地までたどり着いた。フェズからタンジェに入り、フェリーに乗ってスペインに戻り、すぐに帰国したはずだが、嘔吐した後の記憶は20年近く経った今は全くない。何も覚えていないのだ。

この年の夏、職場の同僚の先生たちには「スペイン2週間の旅」と告げて日本を飛び立ったが、職場に戻っての報告は「モロッコ2週間の旅」だった。

（2002年8月訪問）

第11話「バカ」「アホ」「ブス」（スペイン　マドリード）

〈1〉　スペイン語って面白い

スペインで「バカ」「アホ」「ブス」と言われても怒ったり、ショックを受けてはいけない。

マドリードのレストランでのこと。メニューを見て料理を注文しようとしたが、スペイン語がわからなかったので、メニューの写真を見て決めた。おいしそうな肉料理があったので、ウェイターを呼んで、写真を指さし「エスト（これ）」と告げた。

「バカ?」。

ウェイターは私に向かってそう言った。

(バカだって? 私がバカだと言うの?)

メニューを見ると、その料理の写真の下に"Vaca"という文字があった。慌ててガイドブックにある対訳表を見てみると、「vaca(雌牛)」とあった。すなわち「バカ?」と聞かれたのは「牛肉でいいのか?」の確認だったのだ。

さらにメニューをよく見ると、気になる単語が目に飛び込んできた。"aho"(アホ)である。

(アホ? アホという料理があるの?)再び対訳表で調べてみると、"aho"(にんにく)と書いてある。ならば、「にんにく風味の牛肉料理」は、「アホ風味のバカ」とでも言うのだろうか。


エピソードをもう一つ。

マドリードでバスを待っている時だった。近くにいた現地の女性に、バスはまだ来ていないか確認をした。まだ来ていないようだった。しかしすぐにバスが来て、女性は私に向かって真顔でこう言った。

「ブス! ブス! ブス!」。

おっと、「ブス」の3連発ときた。しかし、ショックを受ける必要はない。「ブス」とはスペイン語でバスのこと。私が乗るべきバスが来たので、親切にも「ブス! ブス! ブス!」と大きな声で言って、乗り過ごさないようにしてくれたのだ。


ネットで調べると、スペイン語に関する面白いことがいろいろ紹介されている。

「Chakuwiki—スペイン語—」というサイトには、こうある。

「雌牛のことをバカという。ちなみに雄牛はトロ。従って「雄牛と雌牛」という場合、接続詞のy（イ）をはさんで『トロいバカ』」。

「語学マニア.com」というサイトに紹介されていたのは、次の単語。

「Dame（ダメ）『ちょうだい』、Taberuna（タベルナ）『居酒屋』、Vivir（ビビル）『生きる』

スペイン語って面白い！

〈2〉フィンランド語って楽しい

フィンランド語だって負けていない。フィンランドに行く前に、ツイッターで、フィンランド語に関する面白い情報を見つけた。

フィンランド語でkani（カニ）は「うさぎ」のこと。同じように、sika(シカ)は「ぶた」、juoppalalli（ヨッパラリ）は「酔っ払い」、kulkulupa（クルクルパ）は「通行証」、jaada（ヤーダ）は「残る」という意味。実際にフィンランドに行った時に現地の人にこのことを話すと面白がっていた。

帰国してから、ネットでフィンランド人の名前に関する記事も見つけた。

「フィンランド人の名前では、『アホネン』、『ヘンナ』、『アシカイネン』、『ヤリ・クリ』、『パーヤネン』、『アホカス』などネンが付く名前が多いそうです。」〈「フィンランド語関係の情報が満載（まとめてみました）」フェイスブックより〉

同フェイスブックには、さらに

「プータロウ（木の家）、かこ（ばかな）、あほ（牧草地）、パー（頭）、アウト（車）、エラー（生きる）、おっさーん（できる）」。

「Vaasan（ばあさん）『パン屋さんの名前』、SAMPO（散歩）『銀行の名前』、Alko（歩こ！）『酒屋さん名前』、Akaan（あかーん！）『雑誌の名前』、NOVITA（のび太）『雑誌の名前』」の紹介と早口言葉の紹介があった。
「kokko, kokoo koko kokko kokoon!（コッコ　ココー　ココ　コッコ　ココーン）
「鷲よ、すべての焚き火を一つに集めておくれ！」。
フィンランド語って楽しい！

〈3〉スリランカ・シンハラ語の文字ってかわいい

あるお店で見つけた看板。「蘭の花木あります」と書いてあるらしい。まるでお花みたいな文字。（写真①）
「ここは政府の重要施設である。決まりを守ること。」と記されているが、厳しいことが書かれているその文字はなんか優しい。（写真②）

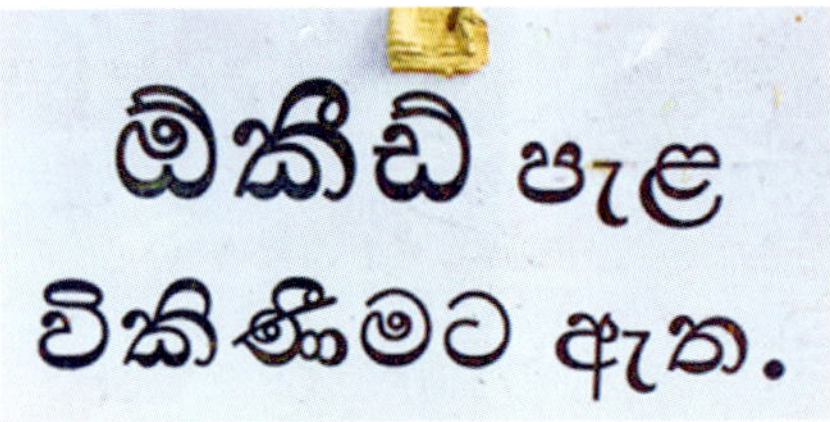

→写真①

→スリランカの首都コロンボにある独立記念ホール

↑写真②

第12話　甘い声（メキシコ　オアハカ）

とてつもなく甘い声だった。

メキシコ旅行中、バスの中で耳にした歌声。次の出発地へ向かうバスの中、出発時間までまだ少し時間があり、私は歩き疲れてついうとうとと、まどろんでいた。その時、聞こえてきたのがギターを弾きながら優しく歌っているその男性の声だった。「何という美声なのだろう」。

私はまだ目をつぶっていた。そのまましばらく甘い歌声に酔いしれた。現実と夢のはざまにいるような感覚だった。目を閉じて美声を聞きながら想像が膨らんだ。「歌い手は20代前半のさわやかな青年で、美しい澄んだ目をしているに違いない。歌声同様、きっとまなざしも優しいはずだ」。

歌が終わって、その男性が「グラシアス（ありがとう）」と言うのが聞こえた。今から乗客がコインを彼に渡す時間だ。「乗客はみな彼の歌に満足し、チップを弾むだろう」。そう思いながらゆっくりと目を開けた。男性は、私のすぐ目の前に立っていた。心臓の音が自分でわかるくらいバクバク鳴り出した。

目の前にいたその歌い手は、私の想像とはかけ離れていた。彼は若くはなかった。ゆうに50歳を過ぎているであろうと思われた。日に焼けた肌には、何本も刻まれた深いしわ、そして痩せこけ、汚れたシャツに色あせたジーンズ…。そして、目は…美しく澄んだ優しいまなざしは…そこにはなかった。目が不自由らしく、白目をむいてパチパチと瞬きをしていた。

彼は両手でバスの座席を触り、体のバランスを保ちながら、乗客がコインを入れてくれるのを待っていた。しかし、コインを入れる乗客はほとんどいなかった。私が彼の帽子にコインを入れると、白目を瞬かせながら、低い声で「グラシアス（ありがとう）」と言ってバスを降りていった。

「目を開けた時、なぜあんなに心臓がバクバクしてしまったのだろう」。彼がバスから降りていく姿を見ながら、私はそんなことを考えていた。目の前の歌い手が私の想像とピタリと当たっていたとしたら、心臓はバクバクというよりドキドキしていただろう。それだったら理由ははっきりしている。ではこのバクバクは何なのか…。甘い声で歌う歌手のイメージを自分の都合の良いように勝手に作り上げ、それが違っていた驚きだったからなのか、ショックだったからなのか、あるいは少し怖かったからだったのか。

いずれにせよ最後に沸き上がった感情は、「あんなに甘い声で素敵に歌っていた歌い手が、まさか若くもなく目に障がいのある人だったとは…」と自分が一瞬でも思ってしまったことに対する恥ずかしい気持ちだった。

（２００1年8月訪問）

第13話　初めてのバンジージャンプ（ジンバブエ　ビクトリアフォールズ）

世界三大瀑布の一つ、ビクトリアフォールズの轟音には度肝を抜かれた。滝が視界に入るずいぶん前から、地鳴りのようなすさまじい音があたり一面に響き渡っていた。最初は、あれがまさか滝の音とは思いもしなかった。

滝の端から端まで、写真を撮りながらゆっくり歩いて1時間半。歩きながらところどころ下を見下ろすと、そこには美しい二重の虹が見えた。自然の雄大さを身近に体験できた時間だった。

ビクトリアフォールズには、滝の観光以外にも、観光客用にいくつかのアクティビティー（遊具施設）が用意されていた。ガイドブックに「バンジージャンプが1万円ほどでできる」と書かれてあったので、せっかくだからチャレンジしてみることにした。

受付で、まず体重計に乗るように指示され、その後誓約書にサインをした。一定以上の体重がないとバンジーにはチャレンジできないようだった。最後に、二の腕にマジックで大きく数字を書かれ、受付を終了した。受付番号50番台。

橋のほうへ進むと、真ん中あたりから、係員が観光客をどんどんザンベジ川に向かって真っ逆さまにジャンプさせていた。私のすぐ前には、英語のアクセントからしてイギリス人と思われる20歳くらいの3人組の女の子がいた。自分たちの番が一つまた一つと近づいてくるたびに、びくびくしてキャーキャー叫んでいた。

彼女たちは、いよいよ自分たちが飛ぶ番になった時、急にひるんで私のほうを向いて言った。

"You first, you first."（お先にどうぞ、お先にどうぞ。）

彼女たちによって、私は前に押し出された。

（なんだ、若いのに根性ないな。勇

気のないこの若者たちに手本を見せてやる、見とけよ！）

私は飛ぶ気満々で橋のど真ん中へと進んでいった。そして二の腕に書かれた数字をバーンと係員に見せて、やる気満々な気持ちをアピールした。

係員はその数字を確認して、英語でつぶやいた。

「体重ＯＫ」。

（え？　何？）

なんと、二の腕に大きく書かれたその数字は、受付番号ではなく私の体重だったのだ。知らなかったとはいえ、この数字を平気でひけらかしながら歩いていた自分が恥ずかしかった。というより、こんなところに人の体重をマジックで大きく書くという無神経さに腹が立った。腹を立てている間にも、係員によって次々と装具が着けられ、あっという間にジャンプの準備が整えられた。

ザンベジ川を見下ろすと、足がすくんだ。あまりの高さにめまいがした。しかし躊躇《ちゅうちょ》している時間はなかった。鳥のように両手を広げ、ジャンプする体勢を無理やりとらされた。

「Jump to the sky.（空に向かってジャンプして）」。

係員はそう言うとすぐさまカウントを始めた。テレビ番組で見るバンジージャンプのカウントよりもずいぶん早く感じられた。

「5、4、3、2、1、バンジー！」。

「あああああ〜〜〜〜〜〜〜」。

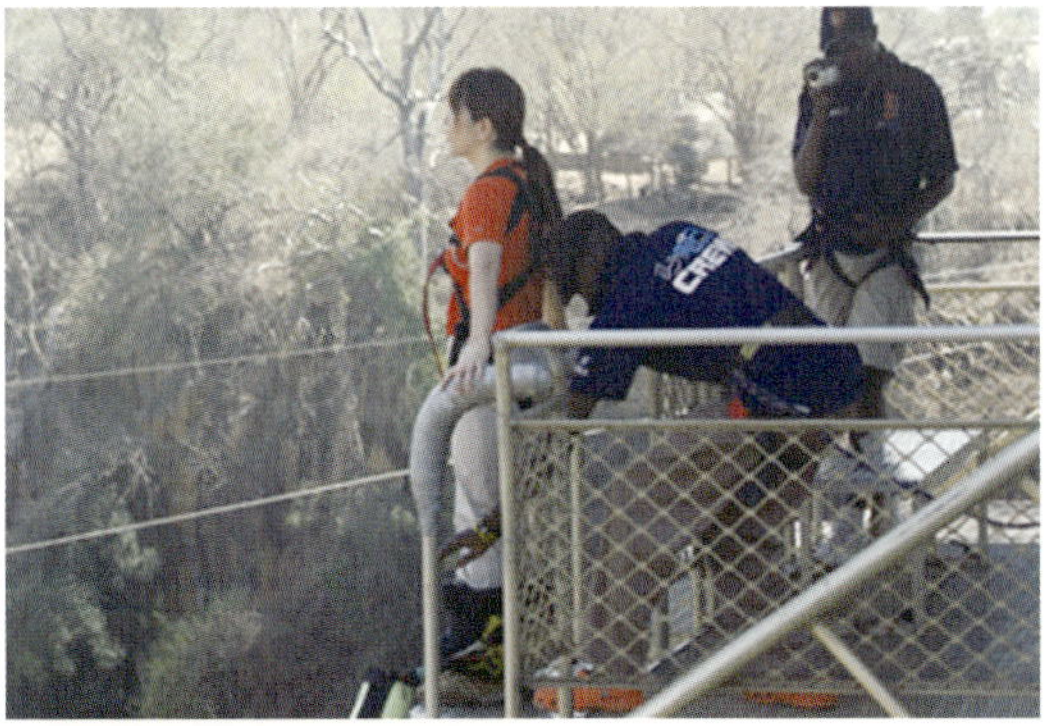

橋の上から歓声と拍手が一瞬だけ聞こえた。気がつくとザンベジ川が360度くるくる回っていた。そしてすぐに反動でビヨーンと上に引き上げられた。

体がふんわり浮いたかと思うと、再びザンベジ川に向かって落ちていく。

2回目以降は、その落ちたり上がったりが快感になってきて、周りの景色を見る余裕も出てくるようになった。

落ちたり上がったりを数回繰り返した後、橋からワイヤーが下りてきた。それを腰の装具にひっかけると、一気に橋の上まで引き上げられた。

バンジージャンプは一瞬にして終わった。引き上げられた直後、向こうから「きゃあああああああああ」という女性の叫び声がした。川のほうを見ると、さっきのイギリス人の女の子たちが、3人まとめて川に向かって一直線に落ちていくところだった。

バンジージャンプを終え、私は達成感に満ち溢れていた。二の腕の数字をひけらかすようにして堂々と歩いた。通りすがりの人がその数字を見て、「バンジー?」と声をかけてくれた。

二の腕に書かれたその数字は、もはや「恥ずかしいもの」から「誇らしいもの」に変わっていた。

（2008年8月訪問）

第14話　スティーブ・ビコと中岡慎太郎（南アフリカ　ケープタウン）

南アフリカのアパルトヘイト博物館を訪れた時のこと。その博物館の一角を占めていたコーナーで足が止まった。その一角にだけピリッとした張り詰めた空気感を感じた。なぜかわからないが、その場所に惹きつけられて仕方なかった。目に見えぬエネルギーが私を支配しているかのような感覚があった。

そこは「スティーブ・ビコ」という人物の展示コーナーだった。ビコの写真、パネル、年表、言葉、ビコに関する様々な資料が展示されていた。しかし、「スティーブ・ビコ」という名をこれまで聴いたことがなかった。

その資料や説明を見て、南アフリカ出身の「黒人意識運動」を唱えた活動家であることがわかった。黒人指導者として頭に浮かぶのは、キング牧師、ネルソン・マンデラ、マルコムXなど…。一体、スティーブ・ビコのことをどれくらいの人が知っているのか疑問に思った。少なくとも日本での知名度は低い。

彼のことをもっと知りたくて、旅行最終日にケープタウンの書店でビコの書物を購入した。帰りの飛行機がオーバーブッキングにより、乗車できずホテルに一泊しなければならない事態になったが、購入したビコの書物"I write what I like."『俺は書きたいことを書く』に記されているビコの思想と言葉が衝撃的で、夢中になって読んだ。人種差別を心情で訴えるというより、言葉の論理性でもって説得・納得させるその手法と英語の表現にしびれた。

帰国してからも、海外の書店からビコ関係の書物をネットで購入したり、ビコをモデルとした映画を見たりして、すっかりビコの魅力にはまった。

それと同じくらいの引力で惹きつけられたのが中岡慎太郎だ。そして、ビコと慎太郎にはいくつか共通する部分があることに気づいた。

その1　すごいことをしているのに知名度がそんなに高くない。
（ビコは他の黒人指導者の陰にかくれ、慎太郎は坂本龍馬の陰にかくれている）

その2　ゆるぎない信念と論理的な思考の持ち主である。
（ビコは著書『I write what I like』、慎太郎は『時勢論』に表されている）

その3　心に突き刺さる一言がある。
ビコ………〝It is better to die for an idea that will live, than to live for an idea that will die.〟
（訳・死んでいく理念のために生きるよりも、生きていく理念のために死ぬほうがいい）
慎太郎……「君子小人は人に在り、家に在らず」「涙をかかえて沈黙すべし」。

その4　30歳前後で非業の死を遂げる。
ビコ………30歳9ケ月で警察の拷問により死に至る。
慎太郎……29歳7ケ月で龍馬とともに暗殺される。

その5　女にもてる。

（2008年8月訪問）

（上）ケープタウンにある、ライオンズヘッドと呼ばれている山。ライオンが横たわっているように見えることから名付けられた（テーブルマウンテンより撮影）

（左）インド洋と大西洋、二つの大海が交わるアフリカ大陸最南西端の岬・喜望峰

（右）喜望峰：英語ではCAPE OF GOOD HOPE（ケープ・オブ・グッド・ホープ）

テーブルマウンテンから見たケープタウンの街並み

テーブルマウンテン：標高1086メートル。頂上部は約3キロにわたってテーブルのように平地になっていることから「テーブルマウンテン」と呼ばれている。

村の子どもたちは人なつっこく、笑顔で手を振ったり、話しかけてくれたりした。

テーブルマウンテンの頂上へ向かうロープウェイから見たケープタウンの絶景

第15話　ダ・ヴィンチ生家への苦しい道（イタリア　ヴィンチ）

レオナルド・ダ・ヴィンチの生家を訪ねてヴィンチ村に行った。フィレンツェからピサへ向かう途中の駅、エンポリで下車してさらにバスで1時間。てっきり、エンポリでは生家に向かう観光客が多いものと思っていた。しかし、バスにはフランスからのカップル1組。ヴィンチ村に着いてからも、生家の方向を示す看板もないし、タクシーなんて1台も見当たらなかった。

途中で見つけた土産物屋で聞くと、ここからさらにアンキアーノという村に入らなければならず、5キロの道のりだという。ガイドブックで調べてみると「徒歩30分」と書いてあった。ここまで来たからには、生家を見ずして帰るわけにはいかない。しかし、疲労はたまっていた。

スーツケースを引きながら、バックパックを背負い、だらだらと続く登り坂をてくてくと歩いていった。夕方だったが日差しは厳しかった。一面のオリーブ畑の濃い緑がさらに暑さを感じさせた。

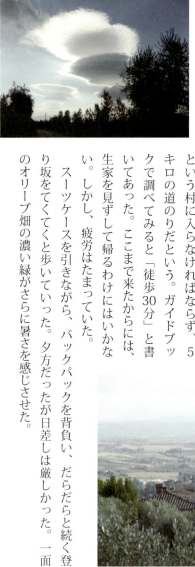

のどが渇くも、途中に店なんて1軒もなかった。自動販売機があるはずもなし。ここでも思い知った。「日本ってなんて便利な国なんだろう」と。そしてまた重い体を引っ張ってひたすら歩き続けた。

車が次々と坂を登っていく。生家を見に行く観光客だ。「そうか、イタリア人の観光客か。自家用車で来ているんだ…」。スーツケースを引きながら生家に向かう観光客なんて相当珍しいに違いない。多くの人が珍しそうに窓からこちらを見ていた。若い頃のように、ヒッチハイクする勇気はない。「誰か親切な若いカップルか家族が"Do you want a ride?"（乗っていく?）と声をかけてくれないかな…」、そんなほとんど望みのないようなことを考えながらてくてくとさらに歩き続けた。

「ああ、もう苦しい。ちょっと休もう」と思ったところに駐車場があった。「どこだ、生家は?」。右手の少し登ったところに生家があった（写真）。

「館内は写真撮影禁止」とのことで、その分、しっかりと目に焼き付けた。天才ダ・ヴィンチのオーラを感じつつ…。生家内にノートが置いてあって、ビジターが自由にコメントを記していた。ノートをパラパラとめくってみたが、日本語のコメントは見当たらなかった。ペンをしっかり握りしめ、大きな文字で、思いを込めて私は記した。

「我が人生、悔いなく生きる!」と。（2011年8月訪問）

[ピサの斜塔]

（右）頂上へと続く大理石の階段

（左）塔の頂上

（左）頂上からの眺め

第16話　「最後の晩餐」を鑑賞するまでのドタバタ（イタリア　ミラノ）

ミラノで一番見たかったのは、レオナルド・ダ・ヴィンチの、あまりにも有名な名画「最後の晩餐」である。小説、そして映画にもなった『ダヴィンチコード』の中でも重要な役割を担っていた名画である。前から興味があった。「ミラノに行くからには鑑賞せねば」と、気合い十分であった。

2〜3時間は並んで待つ覚悟が当然できていた。しかし、「最後の晩餐」が描かれている教会（写真）に、人は並んでいなかった。係の人に聞くと、チケットはすでに「SOLD　OUT（売り切れ）」だという。何ということだ…。フィレンツェの美術館では、とにかく並びさえすれば入場できたというのに…。

係の人から紙切れを1枚渡されて、電話をして予約をとるように言われた。ただし、予約は前日までの受付らしい。ということは、今日中に電話しないとだめだということがわかった。これほどの名画だし、鑑賞するのに人数制限があるみたいなので、いきなり行ってもそう簡単にチケットはとれないのだろう。さっそく電話することにした。

ミラノ中央駅へ戻って、まずはテレフォンカードを手に入れることから始めた。たばこ屋で聞いて回って3軒目でやっと手に入れることができた。カードを買うにもひと苦労だ。そして電話ボックスへ。

カードを挿入してみたが、電話がつながらない。カードの向きを逆にして入れ直してみたがだめだった。カードを購入したたばこ屋に戻って、「カードを入れる方向はこれでいいのか」と確認した。すると、「カードを

使う前に、端っこをミシン目に沿って切り取って使うのだ」と教えてくれた。さて、これで大丈夫。

また電話ボックスに戻り、ダイヤルを押したが、つながらない。他の電話ボックスを探して、いくつも試したが、だめだった。駅に向かっている、人のよさそうな現地の人をつかまえて助けを求めた。その人に紙切れを渡し、「ここに電話したい」と伝え、ダイヤルしてもらった。何回かかけたがやっぱりだめだった。お礼を言って、一旦はあきらめようとした。しかし、あきらめきれなかった。「そうだ。このあたりの電話機がよくないのではないか。ドゥオーモ（P70写真左上）近くの電話機だったらうまくいくかもしれない」と思い、さっそく地下鉄で移動した。電話受付は午後6時30分まで。時間がない。

ドゥオーモ付近で電話を探したが、簡単には見つからなかった。しばらくして裏のほうに電話機を見つけた。さっそく電話したが、やはりつながらない。「この紙切れの電話番号、間違っているんじゃないか…。でも毎日多くの観光客に渡しているはずだから、そんなに簡単に間違うはずはない…。ん、待てよ。観光客…世界中から…、そうだ、この番号は国番号から記載されているのでは…？」。

そこで今度は、国番号と思われる最初の2ケタを飛ばしてダイヤルしてみた。でもだめだった。「そうか、ミラノの市外局番もかける必要はないのかも？」。市外局番と思われる番号を飛ばしてかけたが、だめだった。後ろの6ケタだけとか、4ケタだけで試してみたが、だめだった。改めてガイドブックに目を通してみると、「イタリアでは市外局番と市内局番の区別がない」と記載されていた。それで、国番号の次から再びダイヤルしてみた。

もう午後6時20分になっていた。「いよいよだめか…」。その時ふと頭をよぎったのは、以前外国でダイヤルを早く回しすぎたためにつながらなかったという経験だった。もしかしたら、焦ってダイヤルしたせいかも？「これで最後」という気持ちで（時間が気になりながらも）一つひとつの番号を、震える指でゆっくりダイヤルした。すると…何ということだ…、かかった！

しかし…機械による音声…。「電話が混み合っているのでもうしばらくしてからかけなおすように」とのアナウンスだった。「もう時間がないというのに…」。その後4、5回かけたが、まだ機械音声だった。そして6時30分。ダイヤルしたが、今度は受付終了を告げるアナウンスが流れてきた…。がっくりきた。そのがっくりしているところに、現地の人と思われる女性が声をかけてきた。実は彼女は、イタリア人ではなくスペインからの観光客だった。彼女は「5時からずっとインターネットで予約を試みたが、全くつながらなかった」「電話も機械音声にしかならなかった」と言っていた。同じ境遇の外国人を目にして声をかけずにはいられなかったのだろう。「ああ、残念だった…。明日は、どこに行こう？　サン・シーロのサッカースタジアム（P71写真）に行って、そのあとミラノの博物館めぐりでもするか…」。

翌日、サッカースタジアム見学ツアーに行ったあと、あの教会の近くにある博物館に行くことにした。悔しいので、教会の受付で「SOLD　OUT（売り切れ）」の表示を見て「やっぱりだめだった」と思い知ったあと、行こうと思っていた。

しかし、行ってみると「SOLD　OUT」の表示はなかった。「ダメもと」と思って窓口で聞いてみると、何と、信じられないことに、チケットが…あった。

「1時間後に入れるのでその時間に来るように」と言われた。「奇跡が起こったか」と耳を疑うほどだった。約1時間、近くの博物館で時間をつぶした後で教会に戻ると、そこには「SOLD　OUT」の表示が…。ギリギリセーフでチケットをゲットできたのだ。「人間、あきらめるもんじゃない」とつくづく思った。

そして、ついに見たかったあの名画を鑑賞した。思っていたより大きくて迫力があった。これまでどれほど多くの人たちがこの名画に会いに来たのであろうか。薄暗い中であったが、時間いっぱい、絵の中の一人ひとりの顔をじっくりと鑑賞した。ここでも再び、天才ダ・ヴィンチのオーラを感じることができた。

（2011年8月訪問）

（左）ミラノのドゥオーモ（ミラノ大聖堂。ミラノを象徴するゴシック様式の教会）を眺めながらミラノ風カツレツを食す。

（上）ミラノのガッレリア（ドゥオーモ広場の北に位置するアーケードの名称。天井がガラス張りになっている）

（上）ガッレリア中央ガラスドーム広場の床面に描かれているモザイク画（紋章）

（右）ヴェネチアングラス（ムラノガラス）
ベネチアから1・5キロほど離れたムラーノ島で作られるガラス工芸品は、地域ブランドとして有名

（左）サッカーのクラブチーム「AC ミラン」と「インテル」のホームスタジアムであるスタディオ・ジュゼッペ・メアッツァは通称「サン・シーロ」と呼ばれ、サッカーの聖地として知られている。

（上）インテルのロッカールーム（ガイドの話によると、個を大切にする「AC ミラン」と対照的に、和を重んじる「インテル」らしく、ロッカールームをシンプルにして選手同士がコミュニケーションをとりやすくしているらしい）

（上）AC ミランのロッカールーム（写真中央の椅子はデビッド・ベッカムが使用していたもの）

第17話　ヴェネチアのホテル事情（イタリア　ヴェネチア）

ヴェネチアに着いたのは夜8時過ぎ。ホテルの予約をしていなかったので、通り沿いにあるホテルを片っぱしから当たった。15軒は聞いただろうか…。しかし、部屋の空きはなかった。信じられなかった。あるペンションでは、「フロントに上がる前にダイヤル9を回してください」と表示されていた。そこに置いてある電話でダイヤルを回すと、無愛想な女性が出た。英語で「シングルルームはあるか」と尋ねたが、冷たく「ない」と言われた。ダブルルームはあるかどうか聞き、その値段も聞いてみた。すると、イライラしたような口調になりイタリア語でペラペラ返され、どんどん語気が荒くなっていった。最後には「ＯＫ?」（分かった?）と言われて「ガチャッ」と電話を切られ、とても不愉快な気分になった。「もう二度とこの街には来るもんか」とさえ思った。

粘り強く歩いて探していると「vacancy（空室）」の電灯がともっている建物にたどり着いた。入ると「5分待ってくれ」と言われたが、実際は30分以上待たされ、気づくと夜10時を過ぎていた。

分厚い本にびっしりと住所が書いてあり、そこから1軒選んで、「今日はこのアパートが空いている」と説明を受けた。そこからさらに10分ほど歩いて、たどり着いた場所は、裏通りの古びたアパートだった。縦に長い建物の2階、3階、4階…のフロアはそれぞれ2つのブロックで仕切られていて、そのブロックにはさらに部屋が三つあった。その一つの部屋に泊まることになった。「ここは、おそらく現地の人が住んでいるアパートなのであろう。現在バカンス中で空いているのだろうか、それとも、もともと空き部屋なのか…」。

ガランとした部屋のベッドに倒れ込むように横たわり、疲れた体で眠りについた。しばらくしてある音楽に起こされた。時間は真夜中の2時。聞こえてきたのはリコーダーの演奏で、曲は「グリーンスリーブス」だった。

ヴェネチアの風景

ぞくっと身震いがした。昼間に通りを歩いている時に見かけた1人の少女が炎天下、直立不動で無心に演奏していたのがこの「グリーンスリーブス」だったのだ。「まさか、あの少女がまだあの場所で演奏しているのだろうか?」、そう考えると大変不気味に思った。その演奏がいつ終わったかわからぬまま、いつの間にか朝になっていた。

「今度こそはホテルがあるだろう」と次の日も探していくと、すぐに「vacancy」(空室)の表示を見つけた。しかしながら…、「いい部屋ですよ」と紹介されたその場所は…、またもやアパートメントだった。

鍵を四つ渡された。建物の入り口で一つ戸を開け、階段を昇ったところの戸をまた開け、次の仕切りの戸を開け、そしてようやく部屋の前にたどり着いて部屋の戸を開けた。それぞれの入り口で鍵を何回もガチャガチャしないと開かなくて、ストレスがたまった。なんとも苦労した、ヴェネチアのホテル事情だった。

(2011年8月訪問)

第18話　ナポリでの一触即発（イタリア　ナポリ）

ナポリ中央駅前一帯は、昼と夜で表情がまるで違っていた。昼は照りつける太陽と、大勢の観光客と、近くの中華街の喧騒で、けたたましい雰囲気があった。一方夜は、観光地らしからぬ物静かな空気が流れていた。路上に黒人青年が座り込んでいる姿も、昼は目にしなかった光景だった。

夜9時頃、メールチェックのために駅近くのインターネットハウスに入った。地下に降りていくと、10台ほどあるパソコンのうちの8台を若い黒人男性が使っていた。女性は自分1人だった。カチャカチャとキーボードを打つ音だけが、地下に響いていた。

すると突然、2人の黒人男性が何やら話を始めたかと思うと、いきなり立ち上がり、掴みあいのけんかを始めた。「何でこんな場所で…」と腹が立った。「誰か止めろよ！」、心の中で叫んだ。「現地人が止めないのならば、観光客の自分が止めるしかない…」。変な正義感が湧き上がった。

〝Excuse me.〟（ちょっとすみません）という言葉がまさに口からこぼれる直前、その気配を察したのかどうかはわからないが、別の黒人男性が、けんかしている2人の間に割って入ってなだめ始めた。2人はすぐに落ち着き、まるで何事もなかったかのようにパソコンに向かった。再びカチャカチャというキーボードを打つ音だけが、地下室に響きわたった。

帰国後このエピソードを職場の同僚に話した。みな「何てバカな考えを…。けんかの仲裁なんかしなくてよかったよ。『現地の人がしないならば観光客の自分が…』じゃなくて、『現地の人さえもしないのだから観光客なんかがすべきではない』だろう」と一斉にあきれていた。

当然ながら、これが良識ある人々の意見である。まさに真っ当な意見であり、これが常識というものだ。

ただ私の場合、いいか悪いかは別として、このような常識の枠に収まらない旅を重ねてきたからこそ、いろんな気づきも得られたような気もする。

ナポリの名誉のために追記しておくが、今回の旅行でナポリで出会った人々には本当に親切にしてもらった。現地の人、ホテルの人、食堂の人、インフォメーションセンターの人、バスの運転手…出会った人すべてが親切だった。個人的には、このナポリの醸し出す雰囲気に魅力を感じてやまない。

（2011年8月訪問）

ナポリ湾

ポンペイ遺跡（右・下）

人体があった空洞に石こうを流し込むという手法で掘り出した像。2000年前の山の噴火による犠牲者たちの姿が、そのままの状態でかたどられている。

ポンペイ遺跡で発見された見事なモザイク画

バチカン市国　サン・ピエトロ大聖堂内にあるミケランジェロのピエタ

（上）バチカン市国　システィーナ礼拝堂へ

（左）イタリア側から見たモンブラン山

第19話　クリムトの「接吻」を鑑賞するまで（オーストリア　ウィーン）

クリムトの傑作「接吻」の実物は、ぜひとも観たいアートであった。なぜなら、ずいぶん昔にこの傑作に心惹かれて、もう10年以上、そのコピーを自宅の部屋の入り口に飾り、眺めて暮らしてきたからだ。

ウィーンのベルヴェデーレ宮殿（写真）にその実物があることを今回の旅で知り、ウィーン到着初日に行ってみた。ガイドブックによると、「水曜日に限り宮殿は夜9時まで開館している」とのこと。かなりの時間的余裕をもって向かったはずだが、トラム（路面電車）を乗り違えたり、宮殿内の広大な庭園を逆方向に歩いていたり、現地の人にベルヴェデーレ宮殿の場所を聞いても、「ベルヴェデーレ駅」と勘違いされて違う方向を示されたりと、結局かなりの無駄な時間を費やして、宮殿入り口に着いたのは午後7時。「それでも閉館までは十分時間がある」と思いきや、チケット売り場はすでに閉まっていた。見ると、「Daily（毎日）10:00-18:00」とあり、ガイドブックの情報とは違っていた。がっかりしながらその日は帰った。

気を取り直して、次の日。先に訪れた他の見学地が大変見ごたえがあったことで、ベルヴェデーレ宮殿に行く時間はまたもやギリギリになってしまった。その前に訪れたシェーンブルン宮殿を出たのは夕方5時を回っていた。

とにかく急いでベルヴェデーレ宮殿に向かった。

宮殿の庭に着くと、後ろから声をかけてくる人がいた。振り返ると学生風の女の子だった。トルコから来た20歳の学生ということだった。彼女もかなり急いでいた。「クリムトの『The Kiss』(接吻)を観に来たのだ」と言った。やはり同じような人がここにもいた。私も「The Kiss」だけ鑑賞できれば十分だった。彼女は「夜8時まで開館しているもの」と勘違いしているようだった。私は「6時までのはず。あと15分しかない」と彼女に伝え、私たちは小走りでチケット売り場に向かった。

閉館まで残り10分、ようやく売り場に到着し、チケットを売ってもらえた。チケットを受け取った瞬間、トルコの学生は我先にと猛烈なダッシュをかけて宮殿入り口に向かって走り始めた。私は到底ついていけなかった。

しかし、彼女が向かって行ったのは別の宮殿だった。私は急いで彼女を呼び止め、「そっちではないよ」と後ろから叫んだ。彼女は少し照れ笑いして、今度は私のあとを小走りでついてきた。まるで自分を見ているようで私はおかしかった。

宮殿内に入ったが、「接吻」の展示場所までは階段を昇らなくてはならなかった。またもや2人してダッシュで階段を駆け上がった。「もう時間がない。一直線に『接吻』に向かわねば」。途中ですれ違ったスタッフのおじさんに"Where is'The Kiss'?"(「接吻」はどこ?)と聞いた。

彼は黙ったまま「あっち」と指さした。閉館までの残り時間はあと5分に迫っていた。

そしてギリギリのところで、やっとお目当ての「接吻」にたどり着いた。トルコの学生と2人で「はあはあ」と荒い息をしながら「接吻」の目の前に立った。汗をかき、息を切らしながら見た本物の「接吻」は、黄金色がキラキラ眩く、吸い込まれていくような「接吻」だった。


(2013年8月訪問)

第20話「接吻」なしで、去ることなかれ（オーストリア ウィーン）

ウィーンを訪問した際、クリムトの傑作「接吻」を見るため、ベルヴェデーレ宮殿まで苦労して足を運んだエピソードは、第19話にしたためた。この行動を駆り立てたきっかけとなったのは、ウィーンのユースホステルで無料でもらった「美術館博物館イベント紹介」パンフレットに書かれていた一文、"Never leave VIENNA without a KISS"（「接吻」なしでウィーンを去る事なかれ）

クリムトの作品「接吻」の写真の横に書かれていた文である。クリムトの傑作「接吻」を鑑賞せずしてウィーンを去るな、という意味だ。ただ、もしこれが"You should see The KISS."（「接吻」を鑑賞すべき）というフレーズであれば、行動を起こしていなかったかも知れない。

"Never leave VIENNA without a KISS."という表現だったからこそ、「『接吻』を鑑賞せずしてウィーンを去るものか」という気持ちにさせられ、それが行動にまでつながったわけだから、言葉の力はあなどれない。

さらに言うならば、「a KISS」という部分に注目したい。

本来、クリムトの作品「接吻」の英語によるタイトルは「Ｔｈｅ Ｋｉｓｓ」である。なぜ、「Never leave VIENNA without **The** Kiss.」ではなく、「Never leave VIENNA without **a** KISS.」なのか?

私の想像による解釈だが、ウィーンというロマンチックな都市ならではの掛け言葉のように思う。「The Kiss」であれば、クリムトの作品「接吻」に限定されるであろうが、「a KISS」ならば、一般的な「接吻」ということになる。

しかも、「a kiss」と表記されずに「a KISS」と、KISSをすべて大文字で強調して表記されているところにも、ウィーンを訪れている恋人たちのロマンチックな感傷が刺激されるのではないだろうか。そう考えると、「Never leave VIENNA without a KISS.」(接吻なしでウィーンを去ることなかれ)とは、何とロマンチックな一文であることか!

今日もウィーンの街角のどこかで、恋人たちの熱い抱擁と甘い接吻が…。


(２０１３年８月訪問)

第21話　失恋博物館なるもの(クロアチア　ザグレブ)

これまで旅の中で、数えきれないくらいの美術館や博物館を訪れ、期待を裏切らない卓越したレベルの美術館・博物館に数多く出合ってきた。

中には、ちょっと変わった美術館や博物館もたくさんあった。その中の一つが、ザグレブの「失恋博物館」だ。失恋にまつわるアイテムが、世界中から寄付という形で集められ、それにまつわるエピソードとともに展示されている。思わず笑ってしまうエピソードもあれば、つらく切ない気持ちになるエピソードもあった。

笑ってしまったエピソードの一つは、「(自分のよりも大きい）バストの作り物を旦那からプレゼントされ、【中略】我慢できなくなって離婚した」というもの。その作り物のバストの前で、エピソードを読みながらみな苦笑していた。

もう一つは、斧の展示物。なんでも「彼女の身勝手さに嫌気がさして、彼女が旅行している間にその斧で家具を一つずつ叩き割った」というエピソード付きの代物《しろもの》。恐いけど、面白かった。

そして、切ない気持ちになった展示物は、女性用の素敵なカーディガンだった。

ある日恋人から「大切な話がある」とレストランに呼び出された。「これはきっとプロポーズに違いない」と、女性はワクワクしながらお気に入りのカーディガンを身に着け、出かけた。しかし彼の口から飛び出した言葉は予想に反して、無常にも別れを告げるものだった。ショックで涙が止まらず、その後も「このカーディガンを見るたびに悲しい気持ちになる」ということで寄付されたとのことだった。

夥《おびただ》しい数の展示物と、それと同じ数だけの失恋物語がそこにあった。事実は小説より奇なり！

後日、この失恋博物館のことを知り合いに話したところ、次のようなコメントが返ってきた。
「博物館に失恋レストランも併設されてたらますます面白いね。もちろんＢＧＭは清水健太郎で…。ないない。」

（２０１３年８月訪問）

[ドゥブログニクの風景]

（右、中央、右下）クロアチアの南に位置するドゥブログニクはアドリア海に面し、巨大な石の壁に囲まれた旧市街が見どころ。ジブリ映画の「紅の豚」「魔女の宅急便」の舞台となった街

（上）ザグレブにある聖マルコ教会

第22話　サラエヴォのバラ（ボスニア・ヘルツェゴヴィナ　サラエヴォ）

ボスニア・ヘルツェゴヴィナ旅行中に「サラエヴォのバラ」という言葉を知った。『バラ』と聞くと、美しい薔薇の花を想像すると思うが、「サラエヴォのバラ」はその『バラ』とは違った。ボスニア紛争時（１９９２‐１９９５）に追撃砲の砲弾による死者を出した爆発の跡を、後に赤い樹脂で埋めたものである。樹脂が花のように配列していることからこのように呼ばれるらしい。

サラエヴォ　－　オリンピックの街　1984年
－　包囲された街　1992年－1995年

街の観光案内所に行くと、「サラエヴォのバラ　ツアー」というものがあった。サラエヴォのバラが存在している箇所を巡りながら、そこでどのようにして人が犠牲になったのかというエピソードを聞くのだ。美しい響きのフレーズとは裏腹に、この街には生々しい戦争の歴史がある。

サラエヴォの町の一角に、「戦争博物館」なる比較的小さな博物館を見つけた。入ってみると、２階には戦争の状況を伝える数々の写真が展示されていた。また、戦争の様子を伝える動画では、砲弾で市民が攻撃されている様子が生々しく写されており、途中で目を覆いたくなるような悲惨な光景の連続だった。

買い物のビニール袋を手に持ちながら、動けなくて地面に座り込んでしまっている血だらけの主婦。手すりにぶらぶらと揺れている、腹部がぽっかりと空洞になった上半身裸の死体。それらの映像は、かなりのリアルさを伝えていた。これがまだつい最近まで起こっていたという事実もつきつけられた。陰鬱な気持ちになりながら、戦争写真コーナーへ移動した。

1枚の写真の前で足が止まった。その橋はブルバニャ橋。解説には、「この橋の上でボスニア内戦の最初の犠牲者が出た」と記されていた。「最初の犠牲者は医学を学んでいる女子大生で、戦争反対のデモ行進中に銃弾に倒れた」とあった。

ボスニア・ヘルツェゴビナ滞在最終日に、その橋を訪れた。写真で見たより実際は小さい橋だった。橋の中央に、最初の犠牲者となった女子大学生を追悼する記念碑があった（写真）。

この小さな橋の上で、たくさんの市民が平和を訴えながら行進する様子が頭をよぎった。

ブルバニャ橋についてもう少し知りたくて、ネットで検索してみると、「現代のロミオとジュリエット」というフレーズがヒットした。そして一つの記憶がよみがえった。

それは以前ある番組で、「現代のロミオとジュリエット」というタイトルで、一組の男女の悲しいエピソードが紹介され、涙したという思い出だった。宗教が違うことから敵同士となってしまい、添い遂げることなく銃弾に倒れた、サラエヴォに住む恋人同士の悲恋である。男性がセルビア人でキリスト教徒、女性がボスニア人でイスラム教徒。宗教が違うカップルなんてサラエヴォでは当たり前だったのに、ボスニア紛争により、２人は敵同士になってしまった。

２人は、離ればなれになりたくないために、ブルバニャ橋（写真）を渡ってサラエヴォを脱出することを決心する。対岸までわずか50メートルほどだったが、渡りきる手前で男性が撃たれ、続いて女性が撃たれた。男性は即死であったが、女性はまだ息があった。

女性は最後の力を振り絞って、倒れている男性のところまで這《は》っていった。そして折り重なるようにして息を引き取った。番組では、橋の上で２人が銃弾を受けて折り重なって倒れている画像が最後に写し出されて終わった。

その話を思い出し、一層やりきれない気持ちになった。

「現代のロミオとジュリエット」の墓は、１９８４年に冬期オリンピックが開催されたサラエヴォオリンピックスタジアムに面した広大な墓地の中にあった。戦争による犠牲者があまりにも多いため、埋葬する十分な場所がなく、皮肉にも平和の祭典であるオリンピックのスタジアムやサッカー場まで墓地になったという。

Sarajevo, the city that loves people.（人を愛する街、サラエ

ヴォ）

オリンピック博物館で目にしたこのキャッチフレーズを改めて思い出し、涙がこぼれそうになった。サラエヴォオリンピック（１９８４年）開催時のキャッチフレーズだ。このわずか8年後に、あの紛争が起こってしまった。

この国に来て初めて知った暗い戦争の歴史と残酷さ。民族浄化とその忌々しい手段、大量虐殺、拷問、強姦、略奪…。中でも、女性に対する屈辱とも言える虐待。

（以下、ウィキペディア「ボスニア・ヘルツェゴヴィナ紛争」からの引用）

『女性らは、強制収容後、組織的な強姦を繰り返され、妊娠後中絶が不可能な段階になってから解放することによって、出産せざるを得ないよう仕向けた。これは家父長的な男権社会の影響が残っていたボスニア・ヘルツェゴヴィナの村社会では、女性が強姦によって（異民族の子を）妊娠・出産したということは、一族にとって非常な不名誉と見なされるため、これによってコミュニティを破壊させ、効果的に異民族を排除できると考えられたためである。』

人間がここまで残酷なことを思いつき、実行できるなんて。しかもそれがまだ最近のことなのだ…。ボスニア紛争の傷跡が生々しくて、そのあまりにも対象的なフレーズに悲しさを感じずにはいられなかった。サラエヴォの街自体は人に親切であり、歴史的にもこれまで多くの民族を受け入れ、魅力的な都市を作ってきたのだと思う。

実際、サラエヴォには、キリスト教の教会、イスラム教のモスク、仏教の寺院がそれぞれごく近い場所

に建てられており、宗教は違えど、長い間平和的に共存してきたのだ。なのに、あの紛争は何だったのだろう。あの紛争で誰が得をしたのだろう…、どの民族、どの宗教の人たちが幸せになったのだろう…。

日が沈む頃、銃弾の跡が生々しく残る建物を横に見ながら、スナイパー通りをゆっくりと歩いた。紛争時にこの通り沿いの建物に潜んだセルビア人狙撃兵（スナイパー）が、この通りで動くものすべて、老若男女問わず狙撃の標的にしていたことからこの名がつけられたという。

オレンジ色の夕日がまぶしくスナイパー通りを照らし、名も知らぬ紫色の可憐な花が通りに揺れていた。陰鬱な気分とは対照的に、夕日はぎらぎらとしてまぶしく、花はどこまでも優しかった。

スナイパー通りをゆっくりと歩きながら最後に分かったこと、それは、この街のどこにいても、人が人を殺すことの意味がどこにも見当たらないということだった。

（2013年8月訪問）

スナイパー通り

橋の向こうの博物館（写真内右側建物）の前が 1914 年に起こったサラエヴォ事件現場

ボスニア・ヘルツェゴヴィナのお土産として人気のトルココーヒーセット

ボスニア料理「チェバプチチ」

サラエヴォの街

第一次世界大戦の戦没者の墓場がボスニア紛争ではスナイパーが身を隠す場所として使われた悲しい現実

手前がサッカー場、奥が墓地

第23話　24時間で5ヶ国（ボスニア・ヘルツェゴヴィナ～セルビア～コソヴォ～マケドニア～ブルガリア）

8月14日の旅は、無謀そのものだった。

ボスニア・ヘルツェゴヴィナからブルガリアへ、24時間で5ヶ国通過の旅である。しかし、このような無理をしない限り、最終目的地であるルーマニアのブラショフまで行くことはできなかった。交通手段も時間も限られていたからだ。

13日の夜10時にサラエヴォより夜行バスに乗った。この夜行バスには勇気がいった。「男性客ばかりで女性客は自分1人だけなのではないか」「何らかの犯罪に巻き込まれたらどうしよう」。不安は尽きなかった。しかし心配は取り越し苦労で、実際は乗客の半分近くが女性だった。

夜中の12時に1回目のトイレ休憩。その後バスはセルビアに向かってひた走る。そして夜中2時にセルビア国境に到着し、セルビアへの入国審査が始まった。そこでは少しものものしい雰囲気があった。パスポートの回収に加え、検閲のため乗客全員がバスから降りなければならなかった。しかも、バスのトランクから自分の荷物を1人ずつ取り出して、荷物の前で2列に並ばされた。

そこに黒い大型の警察犬が検閲官に連れられてやってきて、一つひとつ荷物の匂いを嗅いで廻った。麻薬の捜査だろうか？　その時、予期せぬことが起こった。警察犬が私のスーツケースの前でピタッと足を止めたのだ。検閲官も足を止める。横に並んでいた現地の女性がチラッと横目でこちらのほうを見たのがわかった。緊張感が走った。（ばかな…。知らぬ間に誰かに麻薬でも仕込まれてしまったのか？）これまでの人生が崩れ去る悪夢を一瞬見た思いだった。頭の中が真っ白になった。

しかし次の瞬間、犬は首を少し回したかと思うと、何事もなかったかのようにまたピタピタと前に進んだ。冷や汗とともに「はあぁぁぁぁー」と安堵のため息が漏れた。

（結局休んだだけかよ、犬めが！）

心臓が止まるかと思った。もしそこで犬が吠えでもしていたら心臓は本当に一瞬止まったかも知れない。


朝6時にバスを乗り換え、コソヴォの首都プリシュティナに着いたのは3時間後の9時だった。サラエヴォからプリシュティナまでの間、パスポートチェックは6回もあった。コソヴォは私にとって通過点に過ぎないので、街の雰囲気だけ味わえればよかった。ただ、コソヴォに関しては何も情報がない。ガイドブックにも、唯一コソヴォだけが情報は載っていなかった。正直、通貨が何かさえ知らない状態だった。

しかし、神様はいた。バスから降りた時、同じバスだったアメリカ人の旅行者が「市内中心部に行くのであればタクシーをシェアしないか」と、私ともう1人のオランダ人旅行者に声をかけてきたのだ。時間も情報もない私にとっては大変ラッキーな話だった。市内中心部に入り2人と別れたのち、しばらく通りに座り込んで車酔いを覚ました。長時間バスに揺られ、気分が相当悪かった。

座り込んでいると、道行く人々がチラッとこちらを見て、また足早に通り過ぎていく。子ども3人連れからも声をかけられた。残念ながら何と言っているのかわからなかった。コソヴォはこれといって見るべきものはないように感じた。

少し気分がよくなった頃タクシーを拾ってバスターミナルに戻った。ここでハプニングが起こった。タクシーは、渋滞で反対車線に入ることができず、運転手から「プロブレム（問題発生）」と言われて途中で降ろされてしまったのだ。

ただ、これは後から考えるとラッキーなことだった。なぜなら、11時発マケドニアのスコピエ行きのバスに乗ろうと思っていたが、10時のバスが偶然ちょうどそこに通りかかり、気を利かせたバスの係員に声をかけられ、拾ってもらえたからだ。「スコピエ？」「イエス！」。チケットをまだ買っていないことを告げると「バスの中で買える」と言われた。

とにかくこれは大変都合の良いタイミングだった。予定より1時間早くマケドニアに行けることとなった。マケドニアに行く理由はただ一つ、尊敬するマザー・テレサが生まれ育った場所を訪れるため。マザー・テレサには、彼女が亡くなる3週間前に、インドのコルカタのマザー・テレサハウスに会いに行った。この時もいろんな幸運（？）が重なり、会うことができた。その時の光景は今でも忘れることができない。

スコピエに着いた。うまい具合に親切なタクシー運転手に声をかけられ、チャーターできた。さらにこの運転手の機転のおかげで、チケットを買ったり、ブルガリア行きのバス時刻を調べたり、荷物を預けることがスムーズにできた。

マザー・テレサ記念館（写真）を見学する時間は40分ほどを考えていた。記念館では、女性の係員がとても親切に説明してくれた。そろそろ記念館を出ようとした時、何気なしに「マザーが生まれた場所はここだったのか」と聞いてみた。すると、「ここから少し行ったところにマザー・テレサが実際に生まれ育った場所があり、プレートがある」と教えてくれた。「何だって？　ガイドブックにはそんな情報はなかったぞ。それは絶対に行かねばならぬ」。

急いでその場所に行き、お祈りをして写真を撮った（写真）。その後ダッシュでタクシー運転手との待ち合わせ場所に戻った。少し道に迷ったので、本当に時間はギリギリだった。ブルガリアのソフィア行きのバスに乗ったのが午後3時。このバスを逃すと、次は7時間後の午後10時発のバスしかなかった。タクシーの運転手には、タクシーのチャーター代5ユーロに加え、さらに2ユーロをチップとして支払った。本当にありがたかった。

これまでの数々の偶然と幸運に心から感謝した。今回もまるでマザーにいざなわれたような不思議な気分を味わった。

そこからバスに揺られること4時間半、ブルガリアの首都ソフィアに着いた。駅近くの大型ホテルにダメもとで入ってみた。ロビーは宿泊客でごった返していた。シーズン中とあって相当混み合っていた。若い人たちがいろんな国からたくさん集まっているようだった。果たして空きはあるのか？　すると、またもやラッキーなことに空きがあった。1泊65ユーロ。今回の旅で一番リッチなホテルだった。

若者がたくさんいたのは、レスリングのユース世界大会がソフィアで開かれていたためだった。宿泊している若者たちの体格が男女を問わずがっちりしていた理由がそれでわかった。次の日、せっかくなので、レスリングのユース世界大会を観に行った。

（2013年8月訪問）

ハンガリーの首都ブダペストはドナウ川を挟んで、
西側を「ブダ」、東側を「ペスト」と呼んでいる

ゲッレールトの丘から眺めたドナウ川（川の左側がブダ、右側がペスト）

ブダ側には王宮をはじめとする歴史的な建物が見られる。

ペスト側にある国会議事堂

マケドニア スコピエにあるマザー・テレサ記念館

第24話　心配続きの夜行列車の旅（ブルガリア　ソフィア～ルーマニア　ブカレスト）

ブルガリアのソフィアからルーマニアのブカレストまでは、夜行列車を使うことにした。心配していたチケットも、当日の朝にすんなり取ることができ、胸をなでおろした。食事をする時間もなく、スナック菓子と飲みものを買い込んで、午後7時発の寝台列車に乗り込んだ。ブカレスト到着予定時刻は翌朝の6時。

乗ってすぐにチケットが回収され、シーツが配られた。横になると急に眠気に襲われ、そのまま寝入った。最初のパスポートチェックは夜12時頃。夜中の2時を過ぎた頃に若い女の子が1人部屋に乗り込んできた。そのすぐあと、またパスポートチェックがあり、乗客のパスポートが回収された。

寝台車のコンパートメント（部屋）にはベッドが四つあったが、二つは空いていた。夜中の2時過ぎに行われたパスポート回収後に寝ようとしたが、なかなか寝付くことができなかった。一つは、持っていかれたパスポートが無事に戻してもらえるか心配だったことと、もう一つは乗り込んできた女の子のイビキがあまりにも大きかったからだ。

眠れない時ほど不安は広がる。バスの移動の時には、回収されたパスポートは、バスが動き出すとすぐに戻してもらえたが、今回は待てども待てどもパスポートが戻ってくる気配はなかった。

隣の人の大イビキを聞きながら、要らぬ心配だけが広がっていく。「パスポー

トを回収しに来た人は本当に係員だったのだろうか…」「ブカレストに着いてまずしなければいけないことは日本大使館に行くことになるだろうな」など、いろんなことを考えた。

朝5時を回った頃、イビキの女の子がいきなりムックリと体を起こした。「パスポート?」と私に尋ねた。「パスポートは戻ってきたか?」という意味だったのだろう。私は「ノー」と言い、その後、「ブカレスト?」と逆にこちらから尋ねてみた。「ノー、モスコウ(モスクワ)」という答えが返ってきた。モスクワまでは、このソフィア - ブカレスト間の数倍もの距離がある。一体何時間この列車に揺られたらモスクワに到着するのか、見当もつかなかった。

いきなりドアが開き、係員が顔を出した。パスポートが返ってきた! やっとひと安心できた。(そして女の子も起きたので大イビキも聞かなくてよくなった。)

しかし、その後さらなる心配ごとが起こった。到着予定時刻の朝6時になったのだが、列車が止まる気配がないのだ。アナウンスなんて当然ないので、予定よりなぜ遅れているのかも分からない。「ブカレストは大きな都市なので、乗り過ごすことはあるまい」。そう思うと少し安心して、またうとうととなった。

ハッと目覚めると、朝7時半だった。「まさか、乗り過ごしたか…?」。「いや、そんなはずはない」と思いながらも、不安で居ても立ってもいられなくなった。女の子に「ブカレストを過ぎてしまったか?」と聞いてみたが、彼女もよくわからないようだった。

一緒に地図を見て確認し、「たぶんまだ着いていないはず」と彼女は言った。しかし、ガイドブックによると、「ルーマニア鉄道は、安くて時間に正確なことで定評がある」とのことだった。「…ということは、やっぱり乗り過ごしてしまったか…。もしかしてこのままモスクワまで行ってしまうのか…。確認しないと大変なことになる」。冷や汗が出た。

係員を探しにコンパートメントを出た。彼女も心配して一緒に来てくれた。係員はというと、ベッドで大イビキをかいて寝ていた。私がドアをノックするのを躊躇しているのをものともせず、彼女はドアを激しくノックして係員を叩き起こし、ブカレスト到着時間を確認してくれた。係員は眠そうな声で「あと30分で到着する」と告げた。予定より2時間遅れだ。これのどこが「時間に正確」なんだ。全く当てにならん。到着20分くらい前になって、係員が回収したチケットを持ってきた。そしてシーツを返却するよう指示された。無事にブカレストに着いたが、ベッドで熟睡できるという寝台夜行列車の利点は生かされず、とにかく眠ることのできなかった心配続きの旅だった。

（2013年8月訪問）

「吸血鬼ドラキュラ」の居城のモデルとして知られるブラン城（ルーマニア　ブラショフ）

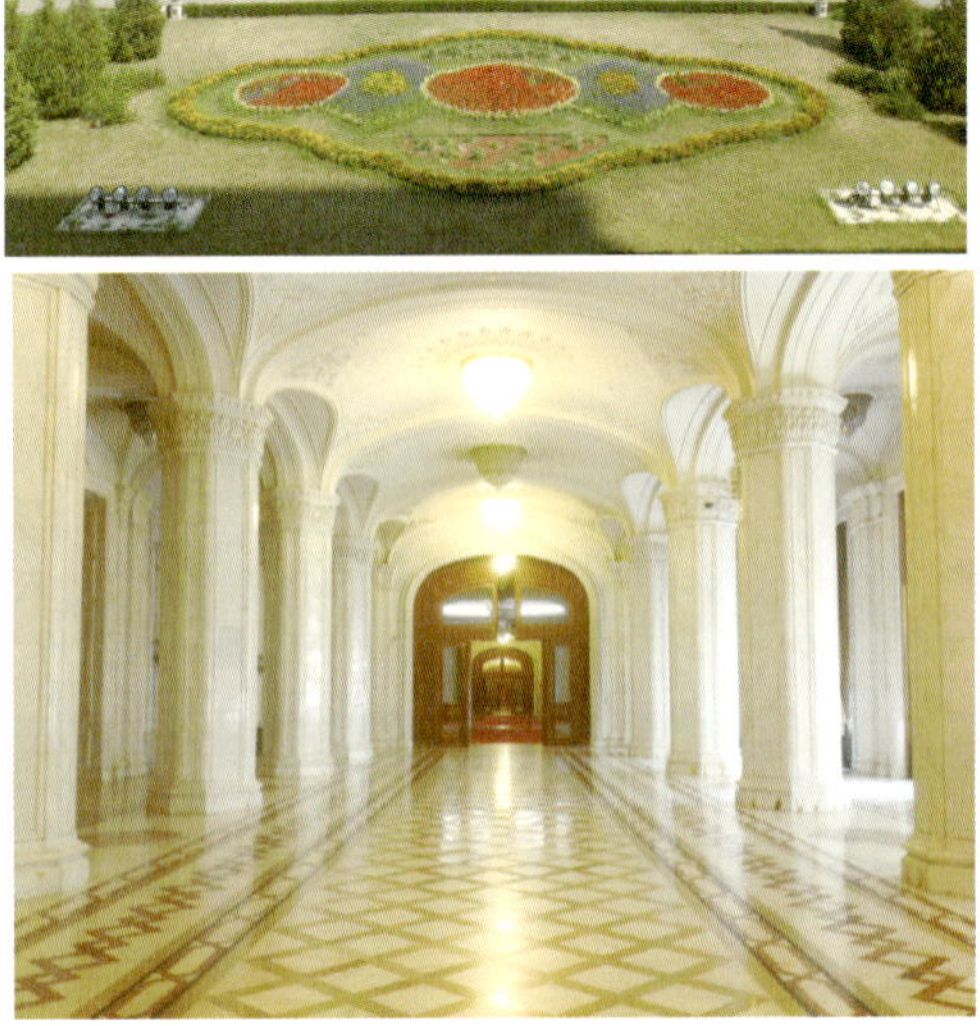

未完の宮殿「国民の館」から眺めた景色（写真中央）と、大理石で埋め尽くされた宮殿内部（写真下）（ルーマニア　ブカレスト）

ドイツ ウルムの街を流れるドナウ川

[チェコ プラハの風景]

（右）小高い丘に立つプラハ城

（上）15 世紀に作られ、当時のままの姿で動いている天文時計

（右）国民劇場内部

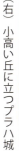

第25話　限定ストラップの行方（アメリカ合衆国　ヒューストン）

7月に東京へ行った時、一目惚れしてＪＡＬの限定ストラップを買った。東京スカイツリーの形をしたクリスタルがとても眩《まばゆ》いストラップだった。しかしそれは今、私の手元にはない。そのことについて記そう。

シルクドソレイユ（カナダを拠点とした世界的サーカス集団）のパフォーマーを追いかけて「クーザ」ヒューストン公演に向かった時のこと。ホテルのスタッフに公演場所を確認すると、「そんなに遠くない」ということだった。歩いてどれくらいかかるか聞いたが、はっきりとした回答は返ってこなかった。（あとから気づいたが、車社会のアメリカでは「歩いてどれくらい時間がかかるか」なんて答えようのない質問だった。）時間に余裕がありそうだったので、歩いて行くことにした。

「最初の信号を左に渡る」と言われたが、なかなかその信号までたどり着けない。やっと信号が見えてきたが、いざ到着してみるとハイウェイの交差点になっていて、どちらに行けばよいか迷ってしまった。交差点で女の子が声をかけてくれた。場所を告げると、「ここらへんには、サーカスが行われているような場所はない」と返された。

仕方なく近くのガソリンスタンドで道を聞くと、「あの信号を左に曲がり、次の信号をまた左に曲がったら見えてくる」と教えてくれた。「車で3分だから遠くない」という答えだった。

それを信じて、また歩いた。

しかし、その道は都市高速のようで、片側三車線の道路になっており、ものすごいスピードで車が駆け抜けていた。まるで日本の高速道路を徒歩で進んでいるようだった。それほど歩行者が歩くはずのない道路のように思えた。

「こんなところを歩いていたら注意されるかも…」と少し不安を感じた。でも次の瞬間、「えーい、知るか、そんなこと。その時はその時だ」と開き直った。「とにかくこの道をまっすぐ行かないことには、クーザ公演が観られないのだ。しかも今回は一番いい席が取れたのだ。これを見逃したら、わざわざアメリカまで来た意味がないじゃないか」。

だが、どんなに歩いても「次の信号」が全く見えてこない。行けども行けども、まっすぐな道路がどこまでも続いていた。汗が滝のように流れてきた。しばらく歩いてようやくショップが見えてきた。そこでまた道を聞くと、「まっすぐ進んで左側」と言われた。しかし、途中で交差点があったりして、どの道をまっすぐ進めばいいのか再び迷った。別のガソリンスタンドで最終確認をして進んだが、道路がアップダウンしていたため、次の目標の信号がいつ見えてくるのか見当がつかなかった。

ようやく白いテントのてっぺんがはるか前方に見えてきた。「方向は間違っていなかったんだ」とようやく安心した。

ただ…、この調子で行くと公演開始時間に間に合いそうにない。「神様助けて！　間に合いますように」と心の中で叫び、走り始めた。

すると、（ウソのようなほんとの話で）数分くらい走った時、車が急に横に止まり、「Do you need a ride?（車に乗りますか？）」と声をかけられた。高速道路のようなところをダッシュしている外国人を見て、「よっぽど困ったことがあるのかも」と感じてくれたのかもしれない。

車内を見ると、若い黒人のカップルだった。一瞬どうしようか迷った。しかし、後部座席に赤ちゃんが乗っているのを目にして、「Yes, please.」（お願いします。）と答えて、車の中に乗り込んだ。

「やっぱり神様は存在する！」、本気で思った。「あのテントの中で何のイベントが開催されているの？」

と聞かれた。シルクドソレイユのことは知らない感じだったので、「サーカス」と答えた。ご主人が「アクロバットのサーカスだよ」と奥さんに説明した。「値段がすごく高くてびっくりだ」というようなことも話していた。

ようやく会場の目の前に到着した。係員の人と交渉して、テントのすぐ手前まで車で入って降ろしてくれた。「なんて親切な人たちなんだ」と感動した。たいがい、こんな時のために日本からささやかなお土産を用意しているのに、今回は全くの準備不足だった。もちろん相手は期待しているはずもないのだが、何か言葉以外で気持ちを表すものがほしかった。

荷物を探してようやく目に入ったのが、東京で買った東京スカイツリーの限定ストラップだった。「東京スカイツリーのことを知っているか?」と尋ねたが、「聞いたことない」と返された。そこで簡単に説明をして、ストラップをプレゼントした。「ウワオー」と目をパチパチさせながらすごく喜んでくれた。こちらも満面の笑顔でお礼を言った。

こんな事情で、あのキラキラと光輝くクリスタルのストラップは、それに負けないくらいに心の美しい人のもとへと旅立った。

今頃ヒューストンの一角で、キラキラと光輝いているに違いない。

（２０１２年８月訪問）

第26話　トーストマスターズクラブ訪問（アメリカ合衆国　ヒューストン）

トーストマスターズクラブ（Toastmasters Club）という団体のことを耳にしたことがあるだろうか？トーストマスターズとは、パブリックスピーチ（英語または自国の言語を使って人前で話すこと）、リーダーシップを学ぶ国際的なＮＰＯ（非営利団体）のことである。

全世界１４１ヶ国に１万６４００以上のクラブがある。２０１８年3月現在、全世界の総会員数は、35万２０００人以上、日本国内には１８７のクラブがある。アメリカが発祥で、90年以上の歴史を持つ。ちなみに、トースト〝toast〟は、パンのトーストではなく、「乾杯」を意味する「トースト」のこと。

私自身、２００5年より宮崎トーストマスターズクラブの会員として活動している。アメリカに行くからにはぜひとも本場のクラブを訪れてみたいと思い、飛び入りで、ヒューストンのダウンタウンにあるそのクラブを訪れた。高層ビルの41階がミーティング会場であった。窓からは、ヒューストンの街が一望できた（次ページ写真）。

普段はミーティングに10名ほど集まるそうなのだが、現在長期休暇のため、この日は3人しか参加していなかった。初めての訪問だというのに、昔から知っているかのように大変温かい歓迎を受けた。そして何と、タイマーの仕事（スピーチの時間を計る役割）が割り当てられた。

ミーティングの最初に、「誰か面白い話をしてくれませんか」と司会者が言い、「よし来た！」という気持ちで手を挙げ、笑える小噺を二つした。こういう時のために用意していたスモールトークである。英語落語を少しアレンジして用意しておいた。オチの部分で3人ともすごく笑ってくれて、気分が良かった。

さらに、テーブルトピック（テーマに沿った即興会話）にも参加し、テーブルトピック・ベストスピーカーにも選ばれ、リボンを授与されて夢のようだった。目標にしていたことが、一つ果たせて良かった。トーストマスターズクラブ会員としてとても貴重な経験ができた。

ミーティングが終わって、どうやってホテルまで戻るか考えあぐねていたところ、クラブの会長をしている女性会員が「帰り方はわかるか？」とタイミングよく尋ねてくれた。「ホテルからここまでタクシーで50ドルもかかったので、帰りはバスを使いたい」と伝えたところ、彼女は自分のオフィスに私を連れていきネットで調べてくれたが、確かな情報がなかった。それで、今度はバス停へ行って、スタッフに確認してくれた。

しかし結局、ホテルやサムヒューストンレースパーク（シルクドソレイユの「クーザ」公演が行われている場所）に向かうバスはないということだった。やはりここは車社会だ。彼女は昼食もとらずに、私のために色々と手を尽くしてくれた。

最終的には、彼女のご主人に電話をし、私を車で送ってくれるよう頼んでくれた。

ご主人との待ち合わせ場所は、ダウンタウンからバスで45分ほど行ったところ。バスに乗る直前に彼女は、前に並んでいた見知らぬ女性に話しかけていた。私が降りるバス停が来たら私に合図してくれるように頼んでくれていたのだ。おかげで、バスの降り場で迷わずに済んだ。

バスから降りると、ご主人が私を見つけて手を振った。サムヒューストンレースパークは、そこからさらに車で15分ほど行ったところだった。アメリカという国は、車がないと本当にどこにも行けない所だと痛感した。

あの女性会長や彼女のご主人のような親切な方々のおかげで、帰りはバス代たったの3ドル75セントで、シルクドソレイユの公演会場まで行くことができた。そして無事に、アメリカで2度目となる「クーザ公演」を堪能した。

「クーザ公演」の休憩中、現地スタッフの人から"Are you Yumi?"（ゆみさんですか？）と名前を呼ばれた。驚いて顔をあげると、私のクレジットカードを手に持っているではないか。飲みもの売り場の前に落ちていたらしい。これには驚いた。ドリンク代を払う時に、うっかり落としたと思われる。何という失態。それにしても、よく私のだとわかったもんだ。おそらくクレジットカードの名前から座席を割り出して届けに来てくれたのだろう。悪用されずに済んだ。カードがなければお金も下ろすことができず大変なことになっていた。届けてくれなければ、ホテルに着くまでわからなかっただろう。ヒューストンでは、たくさんの親切な人に出会い、たくさん助けてもらった。感謝。

（2012年8月訪問）

第27話　私流の旅（グアテマラ　グアテマラシティ）

アメリカのヒューストン空港を出発し、3時間ほどでグアテマラシティに到着した。

空港の外に出ると、新興国でよく目にするタクシーの客引き合戦。市内までのタクシー料金は、アメリカドルで10ドルだった。客引きに声をかけられたが、バスを使うと告げるとバス停の方向を教えてくれた。ローカルバスを使うと市内まで、日本円にしてたったの11円なのだ。しかし、乗り場がなかなか見つからない。

すると、最初に声をかけてきた客引きとまた会って、「8ドルでＯＫ」と言われた。それならば、と思ってそのタクシーに乗り込んだ。しかし、タクシーが出る直前、チップとして1ドル要求された。「チップ込みで8ドルにしてほしい。あなたに1ドル、運転手に7ドル支払う」と告げたが、この客引きが運転手に「ディエス」とささやいたのを私は聞き逃さなかった。その手に乗るかと、わざと憤慨したような表情で、「ノー、ノー」と言って、タクシーを降りた。スペイン語で「ディエス」は、「10」という意味だ。このままタクシーで行くと、結局11ドル払うはめになっていたに違いない。スペイン語がわからないだろうと思われてのことだろうが、なめてもらっては困る！

憤慨しながらタクシーを降りたはずだが、歩きながら何やら笑いが出てきた。「これでこそ私流の旅だ！」。やっと自分が来るべき場所に来たような不思議な感覚だった。現地の人たちとのこのような駆け引き、これがあってこそ私流の旅。ワクワクとゾクゾク、期待と不安、感謝と感動。徹底的に自分を試し、限界に挑んでみる。そして新しい世界、新しい自分と出会う。これが私にとっての旅の醍醐味。ほんの数時間前までアメリカにいて、何となく物足りなさを感じていたのはこのためだったか。

バス停は空港のちょうど裏にあった。ほどなく、真っ赤な車体のバスが来た。バスを待っていた現地の女性に、片言のスペイン語でこのバスの行き先を尋ね、目的地行きのバスだということがわかり、ホッと安心して乗り込んだ。

目的地に来たところで、バスに乗っていた親切な現地の人が「ここだ」と教えてくれた。ホテルを探しながら、ひたすら歩いた。ヒューストンほど暑くはなかったが日差しが強かった。お腹が空いてきて、通り沿いにあったファストフード店に入り、グアテマラで最初の食事をとった。チョリソーと野菜をパンではさんだバーガーを食べて、少し疲れが取れた。

ホテルに着いたら、これまでの寝不足と疲れのため、ベッドに横になったらそのまま爆睡した。夜になって食べ物を買いに外に出ると、少し肌寒かった。外を歩いている人も半分近くの人は長袖を着ていた。ホテルの部屋にはエアコンがついていなかった。この暑い中、エアコンなしで夜眠れるのか心配だったが、つまりは必要ないということがわかった。エアコンどころか、毛布が用意されていて驚いた。

こうして私流の中米の旅は始まった。（２０１２年８月訪問）

第28話　愛すべきタクシードライバー（グアテマラ　グアテマラシティ）

ローカルバスでグアテマラシティ旧市街へ向かった時のこと。

どこで降りていいかわからなかったので、とりあえず大勢の人が降りたところで下車した。街なかの通りは、物売り、買い物客などでごった返しており、活気に満ち溢れていた。

カテドラル前の中央公園でしばらく休んだあと、旅行会社を探して歩いた。ホテルで聞くと、ゾーン4地区まで行かないといけないようだったのでタクシーを拾うことにした。

「ソナ クワトロ ツーリスモ」（ゾーン4のツーリストオフィス）と、行き当たりばったりの片言のスペイン語で告げた。しかし、これでは説明不十分で「パサポルテ？（パスポート？）」と聞き返された。

ガイドブックを見ながら何とか旅行会社に行きたいことを告げると、「そんな遠くに行かなくても近くにある」と言われた。いくつか回ってくれたが、英語が話せるスタッフがなかなかおらず、最終的には旅行会社ではなく少し離れた観光案内所にたどり着いた。

ティカル遺跡へのツアーについて尋ねたところ、「ツアーはないので個人で飛行機を手配して行かなくてはならない」ということだった。「そんなバカな…、グアテマラ最大の観光地なのにツアーがないはずはない。ガイドブックにもちゃんとツアー案内が出ていたのに…。当てにならんなぁ…」と思っていた矢先、別のスタッフが「ツアーはある」と言い、旅行会社に電話をかけてくれた。

その旅行会社は日本人が経営していた。宿泊も可能だということで、今夜はその日本人経営者の自宅に泊まることにした。

その宿泊先に行くために再びタクシーを拾った。ドライバーに値段を聞くと「5ドル」と言われた。今までタクシーは10ドルが相場だったので、とても良心的に思えた。車の中で、確認のために5ドル紙幣を見せて「シンコ？（5ドル？）」と聞いた。するとドライバーは頷きながら「プロピーナ」と言ってウインクをよこした。

目的地がわかりにくくて、ぐるぐる回ってやっとたどり着いた。5ドル払うと、「プロピーナ？」と悲しそうな表情でドライバーがつぶやいた。最初その意味がわからなかったが、おそらく「5ドルでいいけどチップを頼む」ということなのだろうと理解した。「プロピーナ」は「チップ」という意味だったのだろう。

1ドルをチップとして支払った。彼はちゃんと、私が入口から入るところまで見届けてくれて、最後は手を振りながらうれしそうに去っていった。

ツアー会社の人いわく、「5ドルはかなり安い。それはすごい」ということだった。今思えばチップをもっと奮発してあげればよかった。あと2ドル払ってもいいくらい。いや、いっそのこと、相場の10ドルを払っても惜しくはなかったのに…。すごく後悔した。「そんなにぐるぐる回ったのなら、ガソリンも相当食っただろう」とツアー会社の人が言っていた。

グアテマラに来て一番の後悔であった。

（2012年8月訪問）

[ティカル遺跡へ]

木の階段（写真左下）を昇っていくと、ジャングルを見渡すビューポイントに到着し（写真左上）、遠くにティカル遺跡のてっぺんが見える（写真右上）

ティカル遺跡

タランチュラに遭遇

第29話　アボカドの悲劇（ホンジュラス　コパン・ルイナス）

これってアボカドだったんだ―。普段は切ってあるものしか見る機会がなかったのでわからなかった。いや、スーパーで見たことがあったのかも知れないが、興味がないので記憶に残っていないのだろう。なんせ、食べ物の好き嫌いのない私が唯一苦手とする食材が、このアボカドなのだ。

ホンジュラス滞在の最終日、現地通貨レンピーラを使い切るため、通りで売っていた果物を買うことにした。バナナ1本4円だったので2本購入した。バナナの横に見慣れぬ果物がカゴに盛られていた。

「これはホンジュラスのフルーツなのか？　なんか美味しそうだ」。

一つ手にとると、売っていたおばちゃんが「1個3レンピーラだけど2レンピーナでいいよ」という動作をしてくれたので、二つ購入してレンピーラを使い切ることができた。

グアテマラに向かうローカルバスに乗った。少し小腹が空いてきたので、コパン・ルイナスで買ったあの果物を袋から取り出した。

「さて、このフルーツは一体何なのだろう？　きっと甘くておいしいに違いない」。

期待を込めて口を大きく開け、ガブッと丸かじりした。何の躊躇もなく、まるでリンゴをかじるかのように…。

すると…、グニャとした感触、そして独特のにおい…。

「何だ、これは?」。

びっくりして、かじった部分をまじまじと眺めた。実の部分は予想していた黄色ではなく、黄緑色。

「これってもしかして…」。

やらかした! バカな。よりによって2個も買ってしまった。

私は相当顔をしかめていたのだろう。隣の席に座っていた女性から声をかけられた。彼女はペルーから来ているベロニカという名の女性だった。私が、丸かじりしたのを見てこう教えてくれた。

「それはフルーツではなく、サラダに入れて使うものですよ」。

当然そんなことはわかっている。十分わかっている。わかりすぎている。

コパン・ルイナスで開催されていたフェスティバルでの1枚

その2日前に入ったレストランで、メニューに書いてある文字の意味がわからず、適当に頼んだ料理にもアボカドがたんまりと入っていた。そのこともちょっとしたショックではあったが、今のこのショックはそれとは比べものにならなかった。何となく心惹かれて買った食材が、まさかアボカドだったとは…。しかも、最後の貴重なレンピーラで購入したものがアボカドだったとは…。
日本では絶対食べないのに、ここでもう2回も口にしてしまった。アボカド…。
（2012年8月訪問）

第30話　純粋な人生（コスタリカ　サンホセ）

コスタリカは自然豊かな美しい国だった。花の色彩の美しさ、鳥のさえずり、そのすべてに心が癒された。

宿泊先のホテルのフロントで、たまたまバンジージャンプ体験のパンフレットを目にした。料金は70ユーロ。せっかくなので、海外で2度目のバンジーに挑戦してみることにした。

翌朝、ツアー会社のバンがホテルまで迎えに来た。バンには青年2人が乗っていた。アメリカからの旅行者だった。あいにくその日は雨だったが、バンジージャンプは決行された。まずはアメリカ人青年がジャンプした。奇声を発しながら、とても楽しそうだった。私がジャンプする時は、その青年に写真撮影をお願いした。

この時、現地スタッフがしきりに私たちジャンパーに向かって発していたある言葉が耳から離れなかった。

"Pura Vida!"（プーラ　ヴィーダ）

彼は、私たちがバンジージャンプを始める前と終わった後に、何回も"Pura Vida"と呼びかけてくれたが、その言い方には様々なバリエーションがあった。言い方を変えることで気持ちを伝えているような感じだった。同じバスでバンジージャンプに来たアメリカ人

青年も、"Pura Vida"と叫んでいたが、"Pura Vida"ってどういう意味なんだろう？

バンジーを終えて引き揚げる時、スタッフに聞いてみた。

"What does PURA VIDA mean?"（プーラ　ヴィーダってどういう意味？）

少し考えてから、その人は答えた。

"It's something like PURE LIFE."（「純粋な人生」というような感じかな）

"PURE LIFE"（純粋な人生）か…。いい言葉だな。

ホテルに戻って、ネットでさらにこの言葉の意味を検索してみた。すると次のような解説が出てきた。

「Pura Vida とは、直訳すると『純粋な人生』という意味で、コスタリカではあいさつ代わりによく使い、場面に応じていろんな意味を持つ。『人生を楽しもう』という意味でもある」と。

コスタリカの人たちは、この言葉を人生の寄りどころとして毎日を生きているのだろうか。なんていい言葉なんだろう。

PURA VIDA　純粋な人生！

サンホセを去る前に立ち寄ったお土産屋さんで、一つのステッカーが目に入った。そこには、"Life is too short, don't waste it."（人生はあっという間、無駄にするな。）PURA VIDA COSTA RICAと書かれていた。

この言葉を繰り返し、心の中で言ってみた。まるで自分の人生訓のような言葉に巡り合った。

"PURA VIDA"（純粋な人生）

このステッカーは、まだ使わずに取ってある。

（２０１２年８月訪問）

第31話　乗ってはいけない（グアテマラ　グアテマラシティ）

グアテマラからホンジュラスのコパン遺跡に行って観光し、再びグアテマラに戻ってティカル遺跡を観光、続いてコスタリカの旅を経て、またグアテマラに戻り観光を続けた。そしていよいよ、グアテマラ滞在最終日となった。

宿泊していたグアテマラシティのホステル「ハポンテナンゴ」で京都出身の若い日本人女性と知り合いになった。彼女はＪＩＣＡ（ジャイカ：国際協力機構）の一員として、グアテマラ北部の村で国際協力を行っているという。その彼女から、グアテマラシティで絶対にしてはいけないことについてアドバイスがあった。そのアドバイスとは…。

「今日帰るという日に言うのも何だけど、赤い色のローカルバスには絶対乗らないように」。
「え？　何だって？　赤いバス…？」。
「そう。赤い色のローカルバス。安いけどとても危ない」。
「そんな…。もう乗ったよ。しかもグアテマラ到着初日にね。思いっきり赤だった…」。

彼女の話によると、赤い色のローカルバス内での金品目当ての手荒な犯罪が後を絶たないそうである。最近も、ローカルバスの運転手が2名襲われて大変だったと言うのだ。それでＪＩＣＡの隊員は、規則により赤い色のローカルバスには乗ってはいけないことになっているらしい。

「となると、私はよほど貴重な体験をしたということか？　そんなことを知っていたら絶対赤い色のローカルバスには乗っていなかったはずだから。今思うと命がけだったな。ただ、私が乗った赤い色のローカルバス車内はのんびりした空気が流れていて、降りる場所を「ここだ」と教えてくれた親切な人もいたし…。

一部の犯罪者のために「赤いローカルバス＝犯罪が起こる場所」という図式ができあがっているのは、なんとも残念な話だ。

（２０１２年８月訪問）

第32話　国境にて（インド　スノウリ）

１９９７年夏、ネパールから陸路でインドへ渡る旅に出た。

夜明け前にネパール・ポカラのホテルを出て、朝5時半のバスで、国境の町スノウリへ向かった。スノウリには午後2時半に到着した。バスの中は蒸し暑くて大変だったが、町に着くとそこは一層暑く、砂塵も舞っていて、一瞬で汗と埃まみれになった。

ここに来たことをちょっと後悔した。宿代を浮かせるために、ナイトバスでインドに向かおうとしたが、現地の人から「ナイトバスは、Only Indians No Tourists（インド人のみ、旅行者禁止）。危ないからここで1泊して昼のツーリストバスで行ったほうがいいよ」と言われ、そうすることにした。

ポカラの村にある学校

暇つぶしに食堂に入ると、すぐ近くのテーブルに1人のアジア人の若者が手紙らしきものを読んでいるのが目に入った。日本人ではないようだ。「それにしてもこの若者は、一体男性なのか、女性なのか？」。背が高くスリムで髪は短く、ラフなTシャツと細身のジーンズを身につけ、両足を大きく広げ、たばこをスパスパと吸っていた。

その姿を見て「男性だろう」と推測した。しかし、手紙を置いて微かにはにかんだ姿を見て確信した。「いや、女だ！」。手紙をテーブルに置いた時、漢字で書かれた文章の最後に大きなハートマークが見えた。「ラブレターか？」。

彼女は台湾の学生で、名を「シャオチー」と言った。どちらからともなく話しかけ、意気投合した。彼女も「次の日にツーリストバスでバラナシに向かう」ということだった。

夕方、シャオチーと2人で国境周辺をぶらぶらした。国境といっても、「This Border is the End of India.（インドはここで終わり）」と書いてある大きな看板が掲げられているだけだった。現地の人たちは自由にイミグレーション（出入国審査所）を通って、ネパール側とインド側を行き来していた。「私たちもインド側に行っていいか？」と尋ねると、「目の届く範囲で」と許可をもらったので、近場をうろうろした。ネパール側よりインド側のほうが店も多くてにぎやかだった。それで、シャオチーとインド側に行き、食べものを食べたり、食料を買い込んだりした。

次の朝、しつこいリキシャーマンの勧誘を振り切って、シャオチーと一緒にネパール側のイミグレーション（出国審査）に向かった。その後、インド側のイミグレーション（入国審査）へ行くと、ハプニングがあった。シャオチーのビザでは「空路での入国しか認められていない」と言われたのだ。

2人がかりで、「どうにかバスで入国させてもらえないか」と粘ったが、「決まりは決まりだから」と、どうしても聞き入れてもらえなかった。シャオチーは、またポカラに戻って飛行機でインド入りするしかなかった。

彼女はバスに乗り込んだ私を見送ってくれた。彼女が気の毒で仕方なかった。飛行機を使うとなるとお金もかかる。少しでも足しになればと、20ドル札をつかんで窓からシャオチーに手渡そうとした。シャオチーは、「I have money.（お金はあるから）」と言って、その手を私のほうに押し戻した。お互い「Don't worry. Don't worry.（心配しないで。心配しないで。）」と言い合う中で、20ドル札を差し出しては押し戻されて、それは宙に浮いていた。

周りにいた現地の人たちは、ぽかんとした様子でそのやりとりを見ていた。結局シャオチーはお金を受け取らなかった。

バスが動き出した。私たちは、お互いの姿が見えなくなるまで手を振り続けた。

（1997年8月訪問）

ネパールのポカラから見たアンナプルナ山系のマチャプチャレ（神聖な山として地元住民によって崇敬されており、登山が禁止されている）

第33話　バクシーシ（インド　バラナシ～コルカタ）

ネパールのポカラから陸路でインドのバラナシに来た。隣の国同士だというのに、人と街の雰囲気はずいぶん違っているように感じた。一言で言えば、インドは「濃い」。

特にガンジス川での光景は、衝撃的だった。ガンジス川は濁流である。茶色く濁った川で、沐浴、歯磨き、修行、トイレ、ありとあらゆることが行われていた。川には様々なものが流れていたが、中でも仰天したのは、紫色に変色した赤ちゃんの亡骸《なきがら》がプカプカ浮いて流れてきたことだ。

ところが、それも物ともせずに、その近くで涼しい顔をして歯磨きしている人々の光景に愕然となった。

また、バラナシでは歩いている途中「バクシーシ」を求める人々に道をふさがれた。「バクシーシ」とは、日本語では「お恵み」「施し」あるいは「喜捨」と呼ばれる。

このインドの人たちの考え方では、お金を持っている人がお金を持っていない人に分け与えるのは当たり前のことで、お恵みを与えることによって功徳を積み、死後は天国に行けるというものらしい。

そのためか、誰か1人にバクシーシをすると、あっという間に我も我もと大勢の人に囲まれたり、逆にバクシーシをしないでいると、なぜバクシーシをしないのかと言わんばかりにムッとされたりした。

体が不自由な人が道に座って、手をこちらに差し出して物乞いをしている姿を行く先々で目にした。彼らの中には、より多くのバクシーシを得るために、幼い時に故意に大人から手足を切断され、その姿を「売り」として物乞いさせられている人もいると聞いた。

日本では自ら命を落とす人が年間3万人を超えるというのに、それに対してここインドでは、このような苦しい立場、絶望的な状況においても自ら死を選ぼうとはしない。「生きる」ことに対するその執着の根本はどこにあるのだろう。生に対する圧倒的な彼らのエネルギーを全身に浴びて、バラナシをあとにした。

コルカタに移動すると、「バクシーシ」を求める人々はさらに増えた。1人の女性が幼子を胸に抱きながら、「バクシーシ」と言って手を差し出してきた。手を横に振って通り過ぎようとした。すると女性は、1枚の紙切れを私に見せて苦しそうな表情をした。紙切れは病院からの診断書だった。彼女のジェスチャーから想像するに、自分は病気持ちでお金がなく、子どもにミルクを飲ませることができずに困っている、だからお恵みをください、ということであろう。

同情しなくはないが、正直きりがない。そのまま通り過ぎようとすると、彼女は診断書を私に押しつけ、さらにしつこくお恵みを求めた。「仕方ない、逃げるか」。私は小走りでその場から離れた。すると、彼女も赤ちゃんを抱えながら小走りでついてきた。「うそだろ？　赤ちゃんの首がガクガク揺れているというのに走ってついてくるの？　こうなったらダッシュだ」。私は猛然とダッシュした。タイミングよくトラムが目の前にあり、飛び乗った。

「ふ〜。しつこかったな〜」。でもこれでひと安心、と思いきや…後ろを振り返ると、赤ちゃんを抱いたあの女性が「ハアハア」と息を荒げて目の前にいた。彼女も猛ダッシュをかけて飛び乗っていたのだ。

(何が病気なものか、これだけダッシュができれば上等だ。)

あきれているところに、案の定、手が伸びてきた。

「バクシーシ」。

ハアハア言いながら彼女が言った。「はいはい」。私は苦笑いするしかなかった。

日本から持ってきていたハンカチを彼女にあげた。すると、さっきの苦しそうな表情はどこへ行ったのか、「サンキュー」と明るく言い放ち、次の駅でトラムを降りていった。

（1997年8月訪問）

[バラナシの風景]

ガンジス川

第34話　日本語を学ぶ主婦（ベトナム　ホイアン）

ハノイのホテルから、二輪バイクの後ろに乗ってハノイ空港へ向かった。

バイク移動はタクシーより低料金だったが、ハイウェイを走りながら「転倒するのではないか」と、終始ビクビクしっぱなしだった。しかも、バイクを運転しているスタッフはフルフェイスのヘルメットを被っているのに、後ろに乗っている客である私にはヘルメットはない。このスピードでハイウェイで転倒したら、ノーヘルの私に命はない。全く生きた心地のしない時間だった。空港に着いた時には、冷や汗をかいていた。

その後、無事にダナンに到着し、バスターミナルでホイアン行きのバスを待っていると1台の車が止まった。「ホイアンまで5万ドン（8ドル）で行ってくれる」ということだったので、その個人タクシーで向かうことにした。

後部座席には、すでに1人の女性が乗っていた。私のほうを見て、ニコッと素敵な笑顔を投げかけてくれた。英語はあまり通じなかったが、彼女の片言の日本語でどうにかコミュニケーションはとれた。

彼女の名前はニャンさん、43歳主婦。「4ヶ月日本語を習っている」とのことだった。しきりに日本語のテキストを見ながら、一生懸命自分のことを伝えようとしてくれた。こちらから日本語を教えたり、彼女からベトナム語を教えてもらったりして、ホイアンまでの移動の時間は大変楽しいものとなった。

しばらくして、ニャンさんはバッグの中から、歌手の五輪真弓の「恋人よ」と今井美樹の「プライド」の歌詞を取り出した。「日本語で歌って」と頼まれたので、「プライド」を歌った。この歌は、元スマップの香取慎吾と女優の安田成美のW主演ドラマ「ドク」の主題歌だった。香取慎吾は日本語を学ぶベトナム人青年ドクを演じ、安田成美は外国人に日本語を教える日本語教師を演じていた。私も大好きなドラマだった。

そうこうしているうちにホイアンに到着した。まずはホテルに向かったが、一泊20ドルということだったのでそこでの宿泊はキャンセルして、とりあえずニャンさんの自宅にお邪魔した。ニャンさんのご主人、そしてお母さんとも会って話ができた。

ニャンさんのご主人は小学校の先生をしているらしいが、給料面でニャンさんはかなり不満があるようだった。ご主人のほうを見ては、"Very poor."（とても貧しい）を連発していた。大変驚いたが、その給料の額はホイアンで外国人向けホテルに1泊するのと同じくらいの額でしかなかった。工場勤めのニャンさんのほうがご主人の2倍の給与を得ているという話だった。

そういうこともあってか、家ではニャンさんがとても強かった。彼女は「日本に友だちがいるので、日本語を勉強している」と話した。英語も日本語も片言で、言いたいことが言えずにすごく悔しそうだった。彼女のステータスの象徴か、化粧品は資生堂だった。

疲れたので2階で仮眠をとらせてもらうことにした。タイルの床にゴザを敷いているだけの場所だったので、少し横になっただけで肩がとても痛くなった。「今夜は泊まっていいよ」と言われたが、この状態ではちょっときつかった。暑くて暑くて昼寝にならない。寝ている間にも、じんわりと汗が下った。

夜はニャンさんと出歩いて、土産物を見て回った。夕食は屋台でフォーを食べ、とうもろこしジュースを飲んでいるとニャンさんの友人数名と出会った。その中の男の人が、何やら警察のことを話していた。どうやら外国人を泊めることは違法らしい。ニャンさんは慌ててホテルを探し、結局13ドルで交渉して中級ホテルに泊まった。なぜ外国人を泊めてはいけないのかニャンさんに聞いてみたが、英語で説明できないので通訳としてホテルの女の子を連れてきた。彼女も英語が十分ではなかったが、「トラブル防止のため」

ということは理解できた。ホテルで洗濯をしてすぐ寝た。

次の日、朝食はフランスパンとカフェだった。8時前にニャンさんのご主人がホテルまで迎えに来てくれて、再びニャンさんの自宅へ行った。午前中は、レンタル自転車を借りてニャンさんとビーチに行った。途中のココナツ通りがすごくきれいだった。ニャンさんに日本語を教えたり、逆にベトナム語を教えてもらったりしてのんびりした時間を過ごした。

昼はニャンさんの家に戻り、昼食をごちそうになった。おかゆのようなものに具がいろいろ入っていた。その中に何かグニャッとした赤黒いぬるぬるしたものが入っていたので何かと聞いたら、「牛の血」と言われてびっくりした。

午後は、ニャンさんと服をオーダーメイドしに行った。私はブラウスを作った。ベトナムは安価で素敵な服をオーダーメイドですぐに作ってくれるので、夕方は1人でさらに別の店でチャイナ服を20ドルで作った。この日の夕食は、ニャンさんと一緒に、ホイアン名物のホワイトローズを食べに行った。ホワイトローズとは、ワンタンのような米粉で作られた生地の上に、エビのすり身や揚げニンニクが添えられている料理で、名前が示す通り、バラのようにきれいな見た目だった。

夕食を終えた後、オーダーメイドしていた服を取りに服飾店に行っている間に、ニャンさんはホイアンでのお土産の扇子を買ってくれていた。ニャンさんからは、日本の友だち2人に宛てた手紙を預かった。日本に帰ったら投函する、と約束をしてニャンさんに別れを告げた。この日はドミトリー（寄宿舎）が空いていたので、5人部屋に1泊5ドルで宿泊した。

翌朝、次の目的地ニャチャンへと向かうべく、5時半にドミトリーを出た。ニャンさんのご主人がバス停まで送ってくれた。最後の最後まで親切にしてもらった。

（1999年8月訪問）

[ベトナム　ハノイの風景]

[ミャンマー　ヤンゴンの風景]

（左）金色に光り輝く
仏塔シュエダゴン・パゴダ

[ミャンマー　インレー湖]

片足で立ち、もう片足で舵を取る
独特なスタイルの漁

大きな水上村が形成されている

[ミャンマー　首長族の村にて]

第35話　天の池（中国　ウルムチ）

中国西安で重厚なる歴史的遺産の数々に触れ、その感動と余韻を残したまま、私はさらに西へと向かった。たどり着いた場所は、新疆（しんきょう）ウイグル自治区のウルムチ。人の顔、街の雰囲気など、前日まで滞在していた西安とはがらりと変わり、「本当にここは中国か？」と目を疑った。

通りを歩いていると、「天池観光」という大きな看板が目に入った。ちなみに天池は、「テンチ」と読む。ウルムチから東へ１１０キロメートル、天山山脈の中腹、標高１９８０メートルにある面積４・９キロ平方メートルの湖である。西王母《せいおうぼ》が周の穆王《ぼくおう》をもてなしたという神話が残り、「神の池」「天の鏡」という意味を込めて天池という名で呼ばれてきたそうだ。標高６０００メートル級の山々からなる「天山山脈」の中の「新疆天山・天池」は、２０１３年に世界自然遺産に登録された。

天池は、ウルムチでの一大観光スポットのようだ。さっそくチケットを買い、翌日観光バス乗り場から天池へと向かった。

バスの中も、バスを降りてからも、観光客は中国人ばかりだった。外国人はどこにも見当たらなかった。遊歩道をしばらく歩いて、ようやく天池を見下ろすことができた。「中国のスイス」と呼ばれるだけあって、目の前には絶景が広がっていた。ただ、観光シーズンとあって人がごった返しており、そのせいで「天池」と彫られた岩の前で写真を撮ることもできず、さらには、そこかしこから聞こえてくる中国語も残念ながら雑音としか聞こえて来ず、幻想的な風景を堪能する気分はかき消された。

観光を終え、バスに向かう帰り道のことである。遊歩道を歩いていると、小学校高学年くらいの中国人の女の子と並んで歩く格好になり、なんとなく会話が始まった。彼女は英語を少し話すことができ、大変聡明な女の子に見えた。

途中にあった中国語の標識の意味を教えてくれたり、迷いそうな道に来た時は「こっちだよ」と案内してくれたり、小学生とは思えないくらい頼れる存在だった。中国語がわからない私にとって、彼女はある意味命綱のような安心感をもたらした。親子ほど年の差はあったが、感情はまるで親友のようだった。

彼女が途中でこう言った。「私のおじいちゃんは日本語が話せるんだよ」。

「おー、それはすごい。話をしてみたいな」と私は返した。なぜ日本語を話せるのかは聞かなかった。いろんな背景があるのかも知れないのでなんとなく聞くことがはばかられた。「おじいちゃんは、バスの駐車場のところで待っている」と彼女は言った。中国に来て全く日本語に触れる機会はないので、私はおじいちゃんとの会話が楽しみになった。バスの駐車場に着くと、彼女はすぐにおじいちゃんのところに駆け寄っていった。

彼女が中国語で話していたので、何と言っているかわからなかった。しかし、彼女たちのニコニコした様子からして、日本人と英語で話して楽しかったというようなことを言っていたのではないか。そして次に言った言葉はおそらく…、「日本語で話してみて」ということだったと想像できる。

なぜなら次の瞬間、おじいちゃんの口からいきなり日本語が出たからだ。

「おとうさん、おかあさん、おじいさん、おばあさん、いち、に、さん、し、ご、ろく、しち…」。

私はどう返したらいいか、途方にくれた。中国人のその女の子は、「ねぇ、すごいでしょ」と言わんばかりに、こちらに向かって笑顔をよこした。

「おじいちゃん、日本語が上手だね」、こう言うしかなかった。

その後の日本語での会話はなかった。

（2006年8月訪問）

第36話　シルクロードロマン（中国　クチャ）

アスファルトの道路を突っ走り…

ポプラ並木を駆け抜け…

砂の大地をかけあがり…

ただ、ただ、ひた走る…

そして、ここにたどり着いた時…
心が震えた…。

(上)スバシ故城

(右）キジルガハ烽火
(新疆最古の烽火台遺
のひとつ)

スバシ故城は、中国新疆ウイグル自治区クチャ郊外にある仏教遺跡。３世紀から５世紀ごろの寺院。唐の玄奘三蔵（三蔵法師）が『大唐西域記』で言及しているアーシュチャリア寺と考えられている。

[クチャの市場]

キジル千仏洞

西域と呼ばれるこの地域では、私は
完全なる異邦人。
（２００６年８月訪問）

第37話　アイルランドのような田舎へ行こう（アイルランド　クリフデン）

〈1〉自然の驚異

「汽車に乗って、汽車に乗って、アイルランドのような田舎へ行こう」。

この歌詞で始まる合唱曲「汽車に乗って」は、中学生の時に歌った曲だ。アイルランドという国をこの歌を通して初めて知った。あの朗らかで牧歌的な曲調、そして「アイルランドのような田舎へ行こう」に続く歌詞、「人々が祭りの日傘をくるくるまわし　陽が照りながら雨の降る」から、アイルランドでは太陽がさんさんとまぶしく、人々もおおらかでのんびりとしているのであろうと、想像が膨らんでいた。

そんな思いを抱いていた頃から25年後に訪れたアイルランドの実際は、イメージとはずいぶんかけ離れていた。訪れた時期が冬の始まりの9月とあってか、最初の訪問地であるダブリンの天気はどんよりとしており、次の訪問地のリムリックでは大雨となり、ずいぶん寒かった。

アイルランドで一番見たかったのが、モハーの断崖と呼ばれる断崖絶壁の岩の連なりである。リムリックからモハーの断崖まではバスが1日6本出ているとガイドブックに書いてあった。ガイドブックのバス情報を信じて朝9時45分にバス停に行ったが、10分前にバスが出たことを知り、がっくりきた。次のバスは、約4時間後の午後1時35分。チケット販売の人が言うには、モハーの断崖から帰ってくるバスは午後6時10分着の1本のみということだった。ゴールウェイに行くバスはあるか聞いたが、「ノー」と言われた。時間をつぶして午後1時35分のバスで向かうことにしたが、今度はバスが30分遅れで出発し、目的地へ

は結局、予定より1時間遅れの到着となり、日も暮れていく時間帯になった。
モハーの断崖は、予想通り圧巻だった。大波が何度も何度も垂直の絶壁に打ち付けていた。絵はがきに写っているような快晴の日のくっきりとした断崖を見たかったのだが、この日は天気が最悪だった。ダブリンでの曇天よりもさらに曇が天に覆い被さり、時々地面をたたきつけるような雨も降ったが、傘をさしている人は誰もいなかった。いや、たとえ傘を用意していても、風があまりにも強くて傘なんてさせる状況ではなかっただろう。
風がヒューヒューと鳴る音が耳のすぐそばで聞こえた。まるで台風の中にいるような風の勢いであった。強風にめげず、断崖のてっぺんまで行ってみた。そこで1枚写真を撮ろうとしたその時、ひときわ強い風に足をとられて体が前に押し出された。断崖のきわまで進んでいたら、今頃きっと真っ逆さまに海に落ちて命がなかったに違いない。その時感じた自然の驚異と恐怖は、今考えても身震いがする。断崖の高さと強風と薄暗さから、普段は感じることがないめまいを感じた。そして、そのめまいは、そのまま崖下まで落下すればただちに死に直結するという恐怖心をイメージさせた。風が強すぎてもうこれ以上は普通に歩くことができなくなり、下に降りた。

ショップに立ち寄り土産を買い、カフェで熱いお茶を飲んでバスを待とうと思ったが、ショップは6時前に閉店してしまい、外の広い駐車場でバスを待つはめとなった。

外には数人の観光客がいた。ビュービューと強風が通り抜けるこの吹きさらしの広い駐車場でバスを待つ時間は苦痛以外の何ものでもなかった。どこに立っていても嵐のような風から身を守ることができず、もしかしてバスが来なかったらこの場所からどうやって移動したらいいのか、移動できなければどうやって夜をすごせばいいのか、考えるだけでもぞっとした。

バスを待っている1組のカップルが少し離れたところに震えながら立っていた。お土産屋のスタッフもいなくなってしまい、気が付けば広い駐車場にはそのカップルと私だけになっていた。予定の時間になってもバスは来なかった。この間の寂しさと不安といったらなかった。ほどなく、カップルの男性のほうが、私のほうを向いて"Come（おいで）"のジェスチャーをした。やっとバスが来たようだ。それはまるで天国に連れていってくれる乗り物のように目に映った。

乗ろうとして気が付いたが、そのバスは次の目的地ゴールウェイ行きではなかった。ただ私には、来るか来ないかわからないゴールウェイ行きのバスを待つ気力は1ミリたりとも残っていなかった。（どこ行きでもいい、とにかくここから脱出したい）そんな思いでバスに乗り込むと、温かい空間に体全体が包まれて、やっと命が助かったような気がして体全体の力がスーっと抜けていった。

バスは満席で座る場所がなかった。同じく立っていた1人の若い男性から「こんにちは」と日本語で声をかけられた。彼の名はジル。ベルギー出身の男の子だった。オーストラリアの大学で少し日本語を学んだらしい。ジルはドライバーとずっとおしゃべりをしていた。

彼はこの日はエニスに滞在する予定であり、エニスにはホステルがあるかどうかをドライバーに質問していた。ドライバーは気を利かせてホステルの近くでバスを止めてくれた。宿を決めていなかった私もここで降りてホステルに行くことにした。

ホステルでは考古学を専攻しているという日本の大学生に出会った。彼は「他のメンバーと一緒にホステルの近くのパブまでアイリッシュミュージックを聴きに行くので一緒にどうですか？」と誘ってくれた。有り難いお誘いであったが、あまりの寒さと疲れから、もう一歩たりとも外に出る気は起こらなかった。

〈2〉素敵なB＆B

エニスから次に向かったのはクリフデンという町だった。バスを待っていた時、1人の女性が話しかけてきた。「クリフデン行きのバスを待っているのですか？」と。その女性が、オランダ出身のマリカだった。彼女はスラッと背が高く、髪はふわふわと美しい巻き毛のかっこいい女性だった。一緒にバスに乗り込んだ。目的地に到着してバスから降りる時、どちらからともなく微笑みをかわした。

「今夜はどこに泊まるの？」と彼女が聞いてきた。私はまたもや宿泊先を決めていなかった。彼女はメモ帳を取り出し、彼女が行こうと決めているB＆Bの名前を読み上げた。B＆Bとは、ベッド＆ブレックファーストの略で、朝食付きのリーズナブルな宿泊施設のことだ。マリカと一緒にとりあえずそこに行ってみることにした。B＆Bに泊まるのは初めてだった。

「バターミルクロッジ」という名のその宿泊施設は、とてもかわいらしい作りで清潔な施設だった。ツインの部屋が40ユーロ。マリカと私は部屋をシェアすることにした。チェックインしたあと、彼女と港まで散歩し、そのあとツーリストインフォーメーションオフィスまで行った。

そこからの帰り道、マリカがいきなり走行中の車を止めて、見ず知らずの現地の人に「車に乗せてくれないか」とお願いをしていた。すんなりOKをもらい、私たちはB&Bまで歩かずに済んだ。マリカはたくましかった。

その後、私は1人でスカイロードという通りを歩き、牧歌的な景色を楽しんだ。夜は二つのパブをはしごした。二つ目のパブではアイルランド人のおじいさんとアイルランド名物の話で盛り上がった。アイリッシュシチューを食べるように勧められ、注文した。冷えた体がぽかぽかと温かくなる最高のメニューだった。前の日に聞き逃したアイリッシュミュージックの演奏もあり、とても魅力的な時間だった。

「バターミルクロッジ」の朝食は、感動的に豪華だった。8時過ぎに食堂に行くと、焼きたてパン、数種類のホームメイドジャム、新鮮なフルーツの数々、ホームメイドのヨーグルト、そしてシリアル、これらがバイキング形式で用意されていた。おいしく朝食をいただいている時に、スタッフの女性から「朝食は何がいいですか?」と尋ねられてびっくりした。「今食べているのは朝食じゃないの? そうか、これはスターターで、今からメインがくるのだ」。

私はIrish breakfast（アイルランド式朝食）を注文した。豆、目玉焼き、ソーセージ、ベーコン、焼きトマト、マッシュルームが平皿いっぱいに乗っていた（写真）。

時計を見ると8時50分になろうとしていた。バスの時間が9時だったので、もうここを出ないといけない時間だった。ゴールウェイまで行き、バスを乗り換えてダブリンへ戻った。クリフデンは本当に良かった。もっとクリフデンに滞在すべきだった。まさにここが、自分がずっと思い描いていた「アイルランドの田舎」だった。

（2004年9月訪問）

[クリフデンの風景]

第38話　闘牛は伝統文化か動物虐待か（スペイン　バルセロナ）

スペインというと情熱の国。思い浮かべるイメージは、フラメンコか闘牛か？

さて、スペインの闘牛と聞いてどのような場面を思い浮かべるだろうか。ほとんどの日本人は、赤い布をひらひらとなびかせながら、突進してくる牛をかわしている闘牛士の姿をイメージするだろうか。さらに、テレビでよく放送されるのは、人間たちに勢いよく突進してきた猛牛が、角で人を宙に舞い上げる姿。しかしこれらはメディアによって編集された闘牛のほんの一部分である。

同僚の職員数名に「スペインの闘牛は伝統文化か動物虐待か」という質問を投げかけてみたところ、全員から「伝統文化」という答えが返ってきた。「スペインの闘牛は闘牛士が最後に牛を殺すことを知ってる？」と聞くと、みな「えっ？　そうなの？　知らなかった。じゃあ、動物虐待かな…」と。

実際にこの目でスペイン闘牛の一部始終を見てみると、相当ショッキングである。現地に行くまで知らなかったが、実は闘牛はいくつかの場面で構成されている。テレビでよく見る映像、つまり、マタドールと呼ばれる正闘牛士が赤い布で牛をたくみにかわす場面は場面終わりにあたるのだ。

簡単にスペイン闘牛の流れを示すと次のようになる。

1、登場　〈ファンファーレとともに、マタドール（正闘牛士）、ピカドール（槍《やり》士）、バンデリジェーロ（銛《もり》士）、助手が登場し、闘牛場を1周して退場する。その後、闘牛が登場する。〉【写真①】

2、助手数名が、カポーテと呼ばれるピンクのマントを使って牛を走らせ、疲れさせる。正闘牛士がこの時の牛の走りを見て、その牛の特性等の判断をするという。【写真②】

3、防具付きの馬に乗ったピカドール（槍士）が登場し、牛が馬の脇腹めがけて突進してぶつかる瞬間に、牛の首元を槍で突いて弱らせる。ちなみに、馬は怖がらないように目隠しをされている。【写真③】

4、ピカドールが退場したあと、飾りのついた小さな銛を両手に1本ずつ持ったバンデリジェーロと呼ばれる銛士3名が次々と牛の首に銛を突き刺していく。牛は首に計6本の銛を刺されたまま、マタドールと闘うことになる。【写真④】

5、いよいよ闘牛競技の主役、マタドール（正闘牛士）が登場する。「ムレータ」と呼ばれる赤い布を使って、すれすれのところで猛牛を華麗にかわす演技、牛の動きをピタリと止めたあと、くるっと後ろを振り返り、「どうだ」と誇らしげな態度で背中をピンとそらしてさっそうと歩く姿など、すべてが華麗で洗練されている。（ちなみに、牛は赤い色のものを見て興奮して突進してくると思っている人が多いみたいであるが、実は牛は色を認識できない。赤い色ではなく、動くものに反応し、突進してくるという。）【写真⑤⑥⑦⑧】

6、マタドールは、15分ほど演技をしたあと、「真実の瞬間」と呼ばれるクライマックスの時間を迎える。つまり、剣を牛の首筋にある急所に刺し、とどめを刺す時間のことだ。この時、牛を一撃で仕留めたマタドールには観客から大きな拍手が送られる。逆に、うまく仕留めることができず、何回も剣を刺して牛に長い間苦痛を与えてしまうマタドールはブーイングを受ける。【写真⑨⑩】

7、まだ牛に息があるようなら、助手が短剣を牛ののどに刺し、完全に絶命させる。

8、絶命した牛を3頭の馬が引きずりながら退場し、これにて1回の闘牛が終了する。【写真⑪】（絶命した闘牛は解体されて食用の肉として売られる。）

【写真①】

【写真②】

【写真⑤】

【写真⑧】

【写真

【写真⑩】

【写真⑨】

【写真⑪】

【写真⑫】

1回の観戦で、3名のマタドールが1人につき2回勝負をする。つまり、6頭の牛が命を失うことになる。実際に闘牛を観戦して特に衝撃的だったのは、牛が槍や銛を首に刺されてだらだらと血を流し、弱った状態で勝負させられるということであった。絶対に最後は人間が勝負に勝てるようにする人間のずるさ。血を流しながらも、果敢にマタドールに向かう牛のほうに感情移入せずにはいられなかった。

しかしながら、必ず殺されてしまう牛に同情する一方、観戦後に脳裏に印象づけられたのは、きらびやかな衣装に身を包んだマタドールの目を惹く演技の数々であった。「死」と隣り合わせで行うぎりぎりのパフォーマンス、冷やっとする場面の中でも冷静で美しい身のこなし。「華麗に死を演出する」、そのような美学を私なりに感じずにはいられなかった。美しく死を迎えさせることが美学であり芸術である、という認識にたどり着いた。

あんなむごい見世物は1回見るだけでいい、と思っていたが、結局バルセロナに続き、マドリード、そして翌年訪れたメキシコでも闘牛を観戦した。

その中で出会った、日本人にはない価値観は、「闘牛として人間と真っ向勝負して死んでいくのは牛にとって名誉な死なのだ」という考え方。「食肉用に育てられた牛も人間のために殺される。しかしその牛は、闘うことなくただ食べられるために死んでいく。それに対して闘牛の牛は、人間と勇敢に闘って死を迎える。一体どちらが牛の人生として幸せか？（言うまでもなく、勇敢に闘った牛のほうだろう。）」という価値観である。

これは、「牛は神様」とあがめるインドの人々をはじめ、日本や他のアジア諸国のような農耕民族、あるいは動物も人間同等の権利があるという考えを持つ人たちにはなかなか理解できない価値観かもしれない。何百年にもわたり動物と戦って生きてきた狩猟民族と、動物や植物と共存しながら平和的に生きてきた農耕民族との決定的な価値観の相違のように私には思えた。

2000年8月6日、13日に、バルセロナのモニュメンタル闘牛場で行われた闘牛の試合のチラシ。現在ここでは闘牛は行われていない。

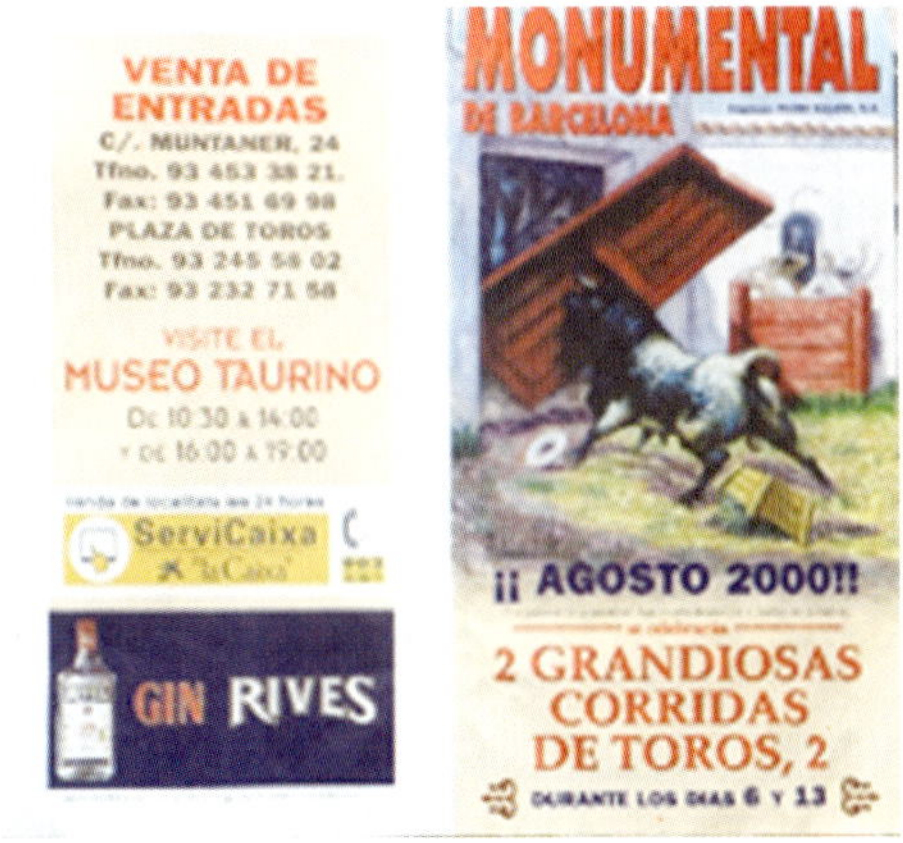

（上）闘牛のチケット（日陰席）。ソル（日なた席）よりソンブラ（日陰席）のほうが値段が高い。

（上）ソンブラ（日陰席）の入口

（上）と（左）モニュメンタル闘牛場

牛に無駄な苦痛を与えずに死を迎えさせることがマタドールの腕。牛をなかなか仕留められないマタドールは、観客からブーイングを受けるという。獰猛な牛であればあるほど、その牛を華麗にかわして、一撃で仕留めることのできるマタドールは英雄としてたたえられる。英雄となったマタドールは、仕留めた牛の耳や尻尾をその場で切り取る権利が与えられるらしい。これまで切り取った牛の耳や尻尾がどれほどの数になっているかが、マタドールのステータスともなっていく。

（ところで、これまでの闘牛観戦3回全18試合の中で1回だけ、マタドールは牛を仕留めることができなかった。その時牛はどうなったか？　白地に黒の斑点のついた牛が何頭も出てきて、生き残った牛を囲んでいた。最後は白い牛と共に生きたまま退場した。こんなことはあまりない。ラッキーと言っていいものかどうかわからないが。）【写真⑫】

バルセロナでは、闘牛はもう行われないということをネットで知った。動物愛護の立場から禁止する条約が決まったそうだ。

あるブログにスペイン闘牛の観戦日記が記されており、そのコメント欄には、闘牛を動物虐待として捉える意見と、伝統文化として捉える意見とが真っ向対立しており、意見と意見の応酬が延々と続いていた。

我が国でも同じようなことはないだろうか。たとえば、イルカ漁や捕鯨といった、日本の伝統文化として続いてきたこれらの漁は、世界の動物愛護団体からは抗議を受け続けている。我々日本人の立場からすれば、これは私たちの伝統的な食文化であると言うことができるが、世界的には通用しないようだ。なぜ、私たちがずっと守ってきた伝統文化を他国の人たちから批判され、クジラ捕鯨船が愛護団体から手荒な攻撃をされなければならないのか。

我々は古来より、捕まえたクジラの命が無駄にならないように、肉だけでなく、骨や皮など様々な部位を加工して有効活用している。これはある意味クジラに対するリスペクトである。なぜこの価値観を理解しようとしないのか。捕鯨に対する攻撃は日本人としては納得のいかない部分である。

（上）スペイン伝説の闘牛士「マノレテ」（写真左側に立つ人物）。（右）はマノレテの胸像。

（左）マノレテを死に追いやった闘牛イスレロの毛皮。イスレロに大腿部を一突きされて、マノレテは 31 歳という若さで壮絶な最期を迎えた。ちなみに高級車「ランボルギーニ・イスレロ」という車名は、この闘牛「イスレロ」にちなむという。

（右）マノレテの遺品

ここでふと考えた。スペインの闘牛を「牛がかわいそう」「動物虐待ではないか」「こんなのは伝統文化ではない」とみなすのであれば、私たちのこの食文化はどう捉えればよいのか。いろいろと考えたら難しくなってきた。結局、どれが正しくて、どれが間違っているなんて簡単には言えない。どの価値観でいきたいか、という話である。最終的には異なった価値観同士でどう折り合いをつけるか、というところに落ち着くのではないのか。

先日、ネットでロブスターに関するある興味深い記事を読んだ。（２０１８年１月18日　読売オンラインより原文のまま）

「スイス政府は、ロブスターなどの甲殻類を生きたまま熱湯に入れてゆでる調理法は、苦痛を与えるとして禁止する改正動物保護法を３月１日から施行することを明らかにした。甲殻類は複雑な神経系を持ち、痛みに敏感、とする学説に基づき提案された。生きたままゆでる行為が、中～重度の苦痛を与えているというのが理由で、食品安全獣医局は、電気ショックで気絶させて痛みを感じない状態にしたり、包丁を入れて素早く絶命させたりした後にゆでるように指導している。」

なぜそうまでしてロブスターを食べるのか。そうならば、ロブスターを食べなければいい。仮に、「ロブスターを食べること禁止条約」なるものができたとする。しかしそうすると、ロブスターが好物という人には迷惑な話であるとともに、漁師や調理人などロブスターを扱って生計を立てている人々にとっては、生活がかかる大問題となる。

ロブスターを食として愛する人、ロブスターを守りたい人、どちらの意見が正しいとか、正しくないとか簡単には言えない。ただ今回、その両方の価値観の折り合いというものが、「ロブスターを素早く絶命させる」ということだったのではないか。

（２０００年８月訪問）

[アントニ・ガウディの建築物]

カサ・ミラ　世界遺産でありながら、
今も人が住んでいるアパート

カサ・ミラ　中庭の吹き抜け

カサ・ミラの屋上

ガウディが手がけた最初の邸宅
として知られるカサ・ビセンス

第39話　交差点での出会い（韓国　ソウル）

ソウルの人気スポット、ミョンドンの美容院で髪を切り、そのあと賑やかな通りを一人歩きした。交差点で信号の色が変わるのを待っていると、隣に立っていたスラッとした韓国美人と目が合った。韓国人も日本人も見た目はそんなに違わないと思うのだが、韓国人からすると日本人は見分けがつくのだろうか。こちらを見て「日本人ですか？」と日本語で声をかけられた。信号の色が変わったので歩きながら話をした。彼女は少し日本語がわかるということで、日本語で会話を続けた。彼女の名はチョウさん。モデルの仕事をしているそうだ。どうりでスラッとしてかっこいいと思った。今から1人でランチに行くという。「よかったら一緒にどう？」と聞かれ、ちょうどお腹も空いてきたので彼女と一緒にランチをすることにした。

入ったのは韓国料理店で、この店のお勧めだというイカプルコギをオーダーした。片言の日本語であったが、2人で楽しく会話し、ランチ代はチョウさんが払ってくれた。交差点で目が合った見知らぬ異国の人にランチをおごってもらうとは…。いや、見知らぬ異国の人だからこそ、こんなことも起こりうるのか。もし、これが日本国内だったなら、交差点でたまたま隣に立っていた人と一緒にランチに行くなんてことはあり得ない。

（２０００年7月訪問）

交差点での忘れられない出会いといえばもう一つ。大学4年生時（１９８６年）に交換留学でオーストラリアに行っていた時のこと。帰国前にタスマニア島を一人旅した。交差点で信号待ちしていると、隣に立っていた白髪のおばあさんと目が合った。日本人は見知らぬ人と目が合うと、何となく目をそらしてしまいがちだが、私の経験では欧米諸国で知らない人と目が合うと、にっこり微笑んでくれる。そして、そのおばあさんも私のほうを見てにっこり微笑んだ。日本から交換留学でニューサウスウェールズ州の大学で勉強していたことを彼女に話した。信号の色が変わったが、そのまま動かず私たちは会話を続けた。

「タスマニアへは旅行で?」と聞かれ、「そうだ」と言うと「どこに泊まるの?」と次の質問が続いた。「まだ決めていない」と言うと、「じゃあ、うちに泊まっていって」ということになり、そのおばあさんの後をついて行った。今思うとあの時は私もとても若く、また平和な時代だった。大変無謀なことをしたものだ。

彼女はとても明るく陽気なオーストラリア人で"Call me Mrs.Hey."「ヘイさんと呼んで」と私に言った。「私たちオーストラリア人はイギリスの文化なので、アメリカのやり方が受け入れられない」という話を聞いていると、いつの間にかヘイさんの自宅まで来ていた。17歳の男の子が家にいた。ヘイさんのお孫さんだった。夕食のあとは、その男の子とテレビを見てゲラゲラ笑って楽しい時間を過ごした。

交差点で目が合ったことがきっかけで、現地の人とほんの少し会話するようなことは何回かあったが、さすがにランチに行ったり泊まりに行ったりしたのは、ミョンドンのチョウさんとタスマニアのヘイさんだけだ。

良識ある皆さん、良い子のみんなは、こんな真似をしてはいけない。
見知らぬ人の後には絶対について行かないこと!

第40話　たくましきタシュケントのおばちゃん（ウズベキスタン　タシュケント）

8月9日の午前中、タシュケント旧市街のマーケットに出向いた。午後は、タシュケント博物館にでも行ってみようと思い新市街に出かけたが、そこはかなりの広範囲で、自分が今どこを歩いているのか見当もつかなかった。新市街は旧市街とは真逆で、どことなく機械的で人の熱気や汗のない、冷たい雰囲気に思えた。歩き回るうちに疲れてしまい、だんだん博物館のことなどどうでもよくなっていった。

ホテルに帰る道を確認するために地図を片手にウロウロしていたその時、1人のおばちゃんが声をかけてきた。現地の言葉ではあるが、明らかに私の手助けをしようとしてくれている感じだった。おばちゃんの左手には、お孫さんと思しき金髪巻き毛のかわいらしい男の子の手がしっかり繋がれていた。

私は地図を見せ、ホテル名を告げた。するとおばちゃんは、「任せて」と言わんばかりに私の人差し指をギュッと握りしめ、車の往来の激しい道路をざくざくと横断し始めた。

「おばちゃんが通るわよ！」。

車たちも、おばちゃんのその圧倒的なパワーに押されているかのようだった。

おばちゃんは途中で何人かの人に道を聞いていた。実はおばちゃんもホテルへの道を知らなかったのだ。心優しきおばちゃん。おばちゃんは英語を話せなかったが、しきりにジェスチャーを使って私とコミュニケーションを図ろうとしてくれた。そのハンドジェスチャーから理解できたのは、「1人でここに来ているの？」「日本でも1人で暮らしてるの？」ということ。

お孫さんの名前は「ミカエル君」。ちょっといたずらっぽくて、おばちゃんの手が離されるや否や駆け出し、道草を始めた。その度におばちゃんが「ミカエール！」と大声で叫び、呼び戻す。「ミカエル」という名を知ったので、そんな様子を見ながら、私も「名前は『ゆみ』だ」と告げた。するとおばちゃんは、少し驚いたような顔をした後、ニコニコしながら「自分の名は『ユナ』だ」と教えてくれた。「ゆみ！」「ユナ！」と、お互いを指さしながら、2人でゲラゲラとおばさん笑いした。

別れ際にミカエル君に気持ちばかりのお小遣いを差し出したが、「ノー、ノー、ノー」と、頑として受け取らなかった。

たくましくて心優しいタシュケントのおばちゃん、そしてミカエル君に幸あれ！

（2016年8月訪問）

チョルスー・バザール内にあるドーム型の屋内バザール

ウズベキスタンの伝統料理「プロフ」

タシュケント駅

第41話　天国への道（ウズベキスタン　サマルカンド）

　サマルカンドでの圧巻の観光場所となっているシャーヒズィンダ廟《びょう》。廟の数々に触れ思わずため息を漏らしながら、いよいよ出口に向かう階段に差しかかった。

階段を下りながら、残りの旅行日数について指を折りながら数えてみた。その時、後ろから1人のおばあさんがニコニコしながら現地の言葉で話しかけてきた。見ると彼女も私と同じように、何かを数えていたらしく、指を折っていた。全く同じ手のジェスチャーだったので少し笑えた。その時とっさに思い出したのが、あるガイドブックの記事だった。

「ウルグベクが建てた入口の門をくぐると、すぐその先に階段がある。この階段を数えながら上り、その数が行きも帰りも同じだったら天国に行けるそうだ。数はここでは明かさない。近くにいる人に『チネタ（いくつ）？』と聞いてみよう」（『地球の歩き方　中央アジア　２０１５～２０１６』より）とあった。

　そのことを急に思い出したのだ。行きは数えなかったが、帰りは数えてみることにした。結果は39段だった。階段下のベンチに座る現地の人らしき若い女性が、私の指を折るジェスチャーを見てかすかに微笑んでいた。「この人に聞いてみよう」。"How many?"（いくつ？）と聞くと「52」という答えが帰ってきた。「うそー？　13段も違っているの？」。暑過ぎて少しふらふらしていたので、数え間違ったのだろうか。あるいは、女の子のほうが数え間違っているのかも。

（ウズベキスタン人である）先ほどのおばあさんと（日本人である）私は、2人とも同時に「指を折る」動作をしていた。一方は天国に行くために階段を数えており、もう一方は残りの旅行日数を数えていたとは…。全く同じジェスチャーなのに、全く違うことに思いを馳せていたなんてね。

いずれにせよ、私の天国行きは遠のいた。

（２０１６年８月訪問）

サマルカンドのレギスタン広場東側に位置するイスラム教の神学校。17 世紀の建造物

タイル装飾が美しい

[サマルカンドのシンボル　レギスタン広場]

（レギスタンとは「砂地」という意味で、ここはシルクロード主要路の交差点であった）

昼のレギスタン広場

夜のレギスタン広場

レギスタン広場の中央に位置するティラカリ・メドレセ（17 世紀に建てられた神学校）

サマルカンドの支配者であったティムール一族が眠るアミール・ティムール（グリ・アミール）廟

ティラカリ・メドレセの礼拝所の天井（青のドームの下が礼拝所になっている。ティラカリとは「金箔」を意味する）

アミール・ティムール（グリ・アミール）廟の見事な門の装飾は必見といわれている。

サマルカンドのチャイハネ
（チャイハネとはカフェのこと）

サマルカンド・ナンと
野菜スープの朝食

お土産品として人気の高い
サマルカンドの陶器

アミール・ティムール（グリ・アミール）
廟のドームと壁にも細かい装飾が施されている。

中央アジア最大級のモスク
「ビビハニム・モスク」

第42話　美しきカザフスタン人女性（カザフスタン　シムケント）

目の覚めるような飛び切りの美人にお目にかかった。銀行の外貨両替の窓口で対応してくれたうら若き女性。

色白の肌に、緩やかな弧を描いた眉、艶やかな黒髪、優しげな瞳、長いまつげ、自然な微笑みをたたえた唇、柔らかな声、品のあるメイク、内面の美しさがオーラとして外見に表れているような神々しさ。いわゆる「美人」と言うより「品があってとても美しい女性」と言ったほうが適切かも知れない。彼女の輝く美しさは、客への対応の一つひとつにも表れていた。それは、私にとってちょっとした感動であった。

これまで海外でこのような仕事をしている人は、私の経験上、たいがい無愛想、笑顔なし、あるいは作り笑いといった印象ができ上がっていただけに、その真逆をいく彼女の対応は一種衝撃的とも言えるほどだった。

ドル札をそっと受け取ると、美しい仕草で両替金額を優しいタッチで電卓に入力する。相手の目の高さに合わせ、品のある仕草で電卓を示す。機械にドル札をかけたあと、カザフスタンの通貨テンゲ札をまたそっと差し出す。しかもその間微笑みを絶やさない。

その一連の動作は流れるように、まるでアートのようにとり行われた。その美しき女性は言わばパフォーマーのようだった。それほど彼女は客に様々な見せ場を作っては、惹きつけていた。

テンゲ札を差し出した後、窓越しから彼女が英語で話しかけてきた。二言三言、言葉を交わした後、お互い手を振って「バーイ」と別れた。自分がもし若い男性だったら…、一瞬にして恋に落ちていたかもしれない。

（2016年8月訪問）

第43話　１００ドルは高いか安いか（キルギス　ビシュケク）

イシク・クル湖まで行きたいのだが、ツアーは出ているか宿泊したホテルのフロントで聞いてみた。「ホテルからタクシーをチャーターして、途中観光場所で下車し、ガイドの説明を聞きながら観光することができる」と説明された。しかし値段は何と１００USドルと高かった。１人だから高くなるのは仕方ないが、バスで行くと往復数百円で行けるので断った。

夜、食堂で食事して帰ろうとすると、フロントに先ほどとは別の人がいた。タクシーのチャーターのことを聞いていたのだろう。私が帰ってくるなり、タクシーをチャーターして湖まで行くことを強く勧められた。どうやら彼がチャーターするタクシーの運転手兼ガイドのようだった。

「１００ドルはちょっと高い」と言うと、「かなり遠い道のりだし、途中下車するし、ガソリン代等を考えるとお得だ」と言われた。いろいろ計算したが、その昔三蔵法師が立ち寄ったとされるアク・ベシム遺跡（写真）に寄ってもらえるなら１００ドルでもいいかと思い、チャーターすることに決めた。

ガイドブックを開いて「アク・ベシム遺跡を見てみたい」と言った。するとそのキルギス人ガイドは不思議そうに、またちょっと呆れたという感じでこう言った。「先週も日本人のツアー客をアク・ベシム遺跡に連れていった。日本人はみなアク・ベシム遺跡に行きたがる。

何もないところなのに」と。

ホテルを午前9時30分に出発。まずは、アク・ベシム遺跡に向かった。途中で何度も「アク・ベシム遺跡は何もないところだ。何で日本人は行きたがるのか」と、彼はまたもや不思議そうにつぶやいた。

このガイドは英語が話せたので西遊記の話を簡単にした。「iphoneを片手に何かしゃべっているな」と思ったら画面を見せてきた。そこには日本語で「アク・ベシム遺跡に行かないことを警告する」と表示されていて、笑えた。おそらく、「アク・ベシム遺跡は何もないのでお勧めしない」という言葉を入力して機械的に翻訳された言葉だったのだろう。

目的地に到着した。数名の人たちが遠くに見えた。

「ヤマモトさんだ！」とガイドが言った。山本さんは考古学者で、毎年この遺跡を訪れては発掘作業をしているらしい。山本さんもこちらの姿を認識すると手を振ってあいさつした。ガイドは「何もないからお勧めしない」と言っていたが、日本人からすると歴史ロマンが漂うこのような場所はたまらない。今回の旅行でサマルカンドの次によかった場所

だった。

次に立ち寄ったのはブラナの塔だ（P171写真右下）。階段で塔の頂上まで上がることができた。すれ違うことができないほど大変狭くて暗い階段だった。階段の数はわずかだったが、息が切れた。頂上からの眺めはやっぱりよかった（P171写真左上）。

このあと、岩絵で有名な野外博物館（P171写真左下）に行き、いよいよ一路イシク・クル湖へ。


イシク・クル湖は、ソ連時代に外国人は行くことのできない観光地だったので、「どれほど神秘的な湖なのだろう」と、幻想的な光景を期待していた。しかし湖に近づくにつれ、「我も我も」と、湖へ向かう現地の人たちの車で大渋滞になった。この日は日曜日だったので現地の家族連れが多いとのことだった。

ガイドは、ところどころうまくショートカットして割り込みながら進んでいったが、この渋滞のせいで少なからず興ざめしてしまった。海外に来ている感覚から遠く、まるで日本の行楽地に出かけて疲れてしまったような気分になった。

そして、やっとのこと午後3時頃だったか、イシク・クル湖に到着した。案の定、当初の予想とは全く真逆の光景が現れた。神秘的な湖畔というより、騒々しい海のビーチだった。パラソル、らくだ、パラセーリング（写

真右）…。そして歩くのが困難なくらいに、ビーチのいたるところに人が転がっていた。

ガイドは「車の中でちょっと眠りたい」とのことで、私は1人で湖をぶらぶらした。車に戻る小道で、キャンディーのような白くて丸いものが売っていて、おいしそうだったので購入した（P172写真左）。（しかし、のちにそれはミルクでできていてしょっぱいものだということがわかった。）

イシク・クル湖のあと、ガイドが「ワイルドビーチに連れていく」と言った。ガイドは眠気さましのために、突然湖に入り少し泳いだ。

このガイドは英語を話すことができたので、かなり助かった。疑問に思ったことをいくつか聞くことができた。その中の一つが言葉の問題だった。ここでは英語は通じないが、ロシア語なら通じるという。学校でロシア語は習わないそうだが、小さい時からロシア語のテレビを見ていたり、周りの人がしゃべっているのを聞いたりして自然とみんなしゃべれるようになるそうだ。ガイドの4歳になる息子もロシア語のテレビを見てペラペラしゃべるようになっているので、ガイドは意図的にキルギス語で話しかけるようにしているらしい。

ワイルドビーチからホテルまでの道は、ただひたすら遠かった。現地の人たちの、イシク・クル湖から帰る時間と重なって、帰りも大渋滞だった。ガイド兼ドライバーの彼は、一分一秒でも早くホテルにたどり着けるよう、道なき道を通り、ぶつぶつ何か言いながら車と車の間をすり抜け、ひたすらハンドルをきっていた。

その車中で思い出したことがあった。ビーチに着く前に小さなお店に立ち寄り、お手洗いを借りた時のことだ。これまでに見たことのないような、この上なく汚い有料トイレで、汚さと臭いを我慢して使った。若い女性がトイレ使用の代金を受け取りに店から出てきた。値段がわからなかったのでお札を数枚見せて取ってもらった。彼女は50ソム札を抜き取った。「こんな汚いトイレなのに結構な値段だな」と感じた。

ところが、その後イシク・クル湖のビーチでトイレを使うと、料金は、たったの5ソムだった。「もしかして、あの店員にボッタクられたのか…?」と思ってドライバーに言ったところ、「完全にボッタクリだ」と言われた。

そう言われて、はらわたが煮えかえるくらい腹が立った。このままでは気持ちが収まらない。帰りに、あの店に寄ってくれるようガイドに頼んだ。ボッタクリの事実を突き付けてやろうという気持ち満々だった。ガイドも一緒に「ボッタクっただろう」と言ってくれることになった。

しかし…、店はもう閉店していた。「5ソムでいいのに50ソムも支払ったとは…」とガイドは大笑いしながら運転していた。

私はガイドに、「次にこの道を通る時は、あの女店員に『ボッタクリしただろ』と絶対言ってくれ」と頼んだ。そうでもしてもらわないと気持ちが収まらない。その後はお互い疲れも出て口数が少なくなっていった。

ホテルに着いたのは夜の11時前だった。私もガイドも疲労が最高潮に達していた。

「このツアーが100ドルも要求される理由が分かった」と私はガイドに言った。

「そうだろう」。苦笑いしながら彼は答えた。

（2016年8月訪問）

[ビシュケクの風景]

ナンの売り場

バスの待ち合い場

ビシュケク市内の大通り（遠くに天山山脈の支脈であるキルギス・アラ・トーの山々が見える）

第44話　タシュケントＯＫ（カザフスタン　シムケント）

中央アジア１人旅の最終日は、シムケントからタシュケントに移動し、その日の夜に帰国便に乗ることになっていた。

朝９時過ぎ、宿泊先のホテルからタクシーでオルダバスホテルまで行ってもらい、そこから徒歩でカズベク・ビ通りにある銀行に向かった。その銀行に向かった理由はただ一つ。前回出会ったあの目の覚めるように美しいカザフスタン人女性にあと一目会っておきたいと思ったのだ。しかし、願いは叶わなかった。彼女はこの日は勤務ではなかったようで、とても残念だった。銀行から出てすぐにタクシーをつかまえ交渉し、５００テンゲでサマルバスターミナルに行った。

次々と何人かのドライバーから声をかけられた。「タシュケント」と告げると18人乗りミニバスまで無理やり案内された。タシュケントとの国境まで６００テンゲ。キルギスの通貨ソムと混同してしまって難色を示すと、「ドルじゃなくてテンゲで６００だよ」と周りから言われ、よくよく計算したら３ＵＳドルもしなかった。

ただ、問題は時間だった。前日ビシュケク発タリズ行きのミニバスに乗った時、出発まで2時間半も待たされたので、たかが数百円の上乗せで済むなら待ち時間の少ない乗り合いタクシーのほうがいい。そこで、ドライバーや周りの人に「何時に出発するのか？」と、時計とジェスチャーを使って聞いてみたが、通じなかった。返ってきた答えはどれも、

「タシュケントＯＫ」。

結局のところ出発時間なんて決まっていないのだ。定員の18名が揃った時点でようやく出発する。待っていれば心配しなくてもタシュケントまで行けるよ、という意味なのだろう。

私はバスの中でイライラしながら立ったり座ったりして落ち着かなかった。

つくづく感じたのは、時間とお金の価値観の相違だ。

バスの中に、ほんの片言の英語がわかるおじさんがいて、そわそわしている私をしきりに安心させようとしてくれた。「今日帰国するのだ」と言うと、「チケットを見せて」と言われ、夜のフライトであることを確認すると、かけてくれた言葉はやっぱり、

「タシュケントＯＫ」。

このバスで行くと国境まで１５０円ほど。乗合タクシーならば３００円～４００円高いくらい。

「３００円ほどの上乗せで時間の節約ができるならタクシーで行きたい。旅行者にとっては、お金よりも時間が貴重なので」ということを伝えたいのに言葉が通じない。それが一番のストレスだった。日本人なら「時間をお金で買う」という感覚はわかるが、おそらくここではその感覚を理解してもらうのは難しいだろう。

そんなことを考えているうちに、「時間がもったいない」という感覚がだんだん鈍くなってきた。もうそわそわするのはやめた。郷に入っては郷に従え。こうなったらもうこっちだって、

「タシュケントＯＫ」。

それから待つこと1時間、バスは国境に向けて出発した。

（２０１６年8月訪問）

第45話　リバプールでの熱い夜（イギリス　リバプール）

２００４年の６月～12月の半年間、文部科学省の英語教員派遣研修により、イギリスに滞在する機会を得た。最初の２ヶ月間は、バースでホームステイしながら語学学校に通い、残りの４ヶ月間はノッティンガム大学の寮生活をしながら英語教育に関する講義を受け、研究テーマに沿った論文を書いた。大学の休みを利用して、念願だったリバプール訪問を果たした。

ノッティンガム大学

大学の寮

ノッティンガムの風景

ある日の寮の夕食

〈1〉憧れのリバプールへ

２００4年8月27日金曜日午後5時30分。列車がリバプールのライムストリート駅に着いた時の興奮は今でも忘れられない。

そこは、これまでずっと来たいと思っていた場所だった。20歳の時に友人のアパートで耳にしたビートルズの曲に衝撃を受け、それから20年にわたってビートルズのファンだ。リバプールは、その偉大なるビートルズの生まれた街。（ビートルズメンバー：ジョン・レノン、ポール・マッカートニー、ジョージ・ハリスン、リンゴ・スター）わくわくで胸がはちきれそうだった。

リバプールのユースホステルを訪ねると、運良くこの日は空室があって宿泊できた。しかし翌日は、「リバプールはどこも部屋の空きがないだろう」ということだった。なんでも、三つのフェスティバルが重なっていてリバプールは大賑わいを迎えるらしい。その中の一つのフェスティバルが「The Beatles Festival」（ビートルズ・フェスティバル）と知ってこの幸運に鳥肌が立った。

当初は、大学の講義が一段落する10月にリバプールを訪れる予定であった。しかし、8月に入って急に「8月下旬の3連休はリバプールに行きたい」という気持ちが強まり、いてもたってもいられなくなってしまった。なぜ急にそんな気持ちになったのか自分でもわからない。何かの勘が働いたのかどうかわからないが、結果的に2ヶ月早く来ることになった。そのおかげで、この「The Beatles Festival」に当たったわけだ。この偶然の巡り合わせに大いに感謝した。

ユースにチェックイン後、ビートルズの聖地とされる一角、キャバーンクオーターに入った。ビートルズが活動初期に演奏をしていた「キャバーンクラブ」（P180中央写真）の前で写真を撮り、その後サンドウィッチの店「サブウェイ」で夕食をとった。再びキャバーンクラブに戻り、3ポンド（当時600円）払って中に入った。「ここがあの『キャバーンクラブ』か」と思うとドキドキした（写真下）。ステージでは、ビートルズのコピーバンドが演奏をしていて大いに盛り上がっていた。驚いたことに、そのコピーバンドは日本のグループだった。後でわかったが、「Beatvox」（ビートヴォックス）というバンドだった。

最前列で熱狂的に盛り上がっている現地の中年女性がいた。Sue（スー）だった。彼女とは意気投合し、たくさん話をした。「ストロベリー・フィールドの近くに住んでいる」ということだった。（ストロベリー・フィールドとは、ジョン・レノンの家の近くにあった孤児院で、『ストロベリー・フィールズ・フォーエバー』という歌にもなっている）スーと2人でさらに盛り上がったところで、「うちに泊まりに来ないか？ ペニーレインとストロベリー・フィールドを案内するから」と言われ、電話番号まで教えてくれた。近くにいたおじさんとも気が狂ったようにビートルズナンバーに合わせて踊りまくって一緒に盛り上がった。リバプールで過ごす最初の夜は最高の夜だった。

リバプールにあるストロベリー・フィールド孤児院の門（ジョン・レノンが子どもの頃、この庭で遊んでいたという。2005年に孤児院は閉鎖されたが、ジョン・レノンの生涯などを伝える教育施設が建設されることになった）

〈2〉困った、宿がない

次の日、朝起きたら3人の女の子が同じ部屋にいることがわかった。その中の1人、テキサス州の女の子は、「今夜はミュージックフェスティバルに参加して、夜通し歌い明かして帰ってくるから」と豪語していた。そのフェスティバルは、ユースホステルのスタッフから聞いていた「マシュー・ストリート・ミュージックフェスティバル」とは別の物だった。一体いくつのフェスティバルが、ここリバプールで行われているのだろう。

私の心配ごとは一つ、今夜の宿泊場所だった。「こうなったら、昨日知り合ったスーにお世話になるか…」。

スーが「朝10時以降に電話をくれ」と言っていたので、それまでインターネットで何かビートルズに関する情報がないか検索してみることにした。前の日にたまたま行ったパブで"Beatles Day"(ビートルズ・デー)に関するチラシが置いてあって持ち帰ったのだが、そこに記されていたホームページアドレスをチェックすると「ビートルズ・セール」のことと「メイン・イベント」の情報を得られた。メイン・イベントが日曜日にアデルフィーホテルで12時から行われるらしい。そうこうしているうちに10時になったのでスーに電話した。「今から旦那と買い物に行くので12時に電話してほしい」と言われ、また時間つぶしに出かけた。

ツーリスト・インフォーメーションに行くと「マジカルミステリーツアー」(写真)(ビートルズのメンバーに関するスポットをめぐるツアー)の空きがあと1席しかないことを知り、4時30分のツアーを予約した。12時になって再びスーに電話したが、「今から部屋の片付けをしないと…」と慌てたように言われた。

ここでようやく、「そうか、やっぱり昨日の『家に泊まりに来て』は酔った勢いで口から出た社交辞令だったのだ」と理解した。同時に、宿泊場所に困っていたとしてもそれを真に受けてしまった自分にあきれた。

電話口でスーに「ツアーに参加することにした。宿はなんとかなるだろう」と告げると、「それはよかった」と明るい声で返ってきた。それにしても、はっきり宿泊を断るわけでもなく、言葉の裏側でそれとなく察してもらおうという手法は日本人的だ、とつくづく思った。ただ、このような場合ははっきり「宿泊はできない」と言ってもらったほうが親切というもの。いやいや、私が「今日は泊まると

ころがなくて困っている」と話したことで断りにくくなってしまったのかも？…など、いろいろなことが頭をよぎった。とにかく、自分が厚かましくも電話したことで人のよいスーに迷惑をかけてしまった。

その後ピアヘッドと呼ばれる埠頭に行き「マシュー・ストリート・ミュージックフェスティバル」に参加して、ツーリスト・インフォーメーションに戻った。午前中に申込んだマジカルミステリーツアーの出発を待っていると、日本人の女の子が声をかけてきた。彼女も、この日リバプールで泊まるところがないのでマンチェスターに行くということだった。「一緒にマンチェスターに行こう」ということになった。

ツアーでは、ビートルズのメンバーであるジョージの家、歌のタイトルにもなっているペニーレインの通り、ポールの家、ジョンの家と回ったが、ペニーレインでは看板の写真を撮るだけ。そしてジョンの家ではバスから降りず、バスの窓越しから眺めるだけで全く満足できなかった。

夜はその女の子と一緒にマンチェスターのユースホステルに向かった。迷いながらも何とかたどり着き、運良く空室があり泊まることができた。

〈3〉ビートルズのシャワーを浴びる

8月29日、日曜日。マンチェスターからリバプールに戻り、11時にアデルフィーホテルに着いたが、スタッフから「12 o'clock」（12時から）と冷たく言われてしまい、あたりをうろうろしたりホットドッグを食べたりして時間をつぶした。

一緒にホテルに泊まっていたドイツのおばちゃんとブラジルの女の子たちは「ビートルズ・ウィークに合わせてここに来た」と言っていたが、このイベントについては知らなかった。あまり情報がオープンにされていないようだ。観光客の誰でも受け入れるとなるとホテルに入りきれないので、あまり大々的には宣伝していないのだろうか。インターネットで見てもメイン・イベントの詳細については書かれていなかった。

12時になったので再びアデルフィーホテルに行った。入場料15ポンドを払って中に入った。そこは別世界だった。まさに豪華絢爛と呼ぶにふさわしい世界。中央の、ずらっと並べられたテーブルの上にチラシが置いてあり、その真上でシャンデリアが光り輝いていた。そのシャンデリアと同じくらいに集っている人たちもまばゆく見えた。

ビートルズのリーダーだったジョン・レノンのそっくりさんが立っていたので「写真を撮っていいですか？」と聞くと、"Together!"「一緒に！」と言われて記念の1枚を撮った。まるで夢のようだった。

さらに奥に進むと、大ホールいっぱいにビートルズショップがひしめいていた。どこかの部屋からはビートルズソングがエンドレスで流れており、別の部屋ではビートルズのビデオがエンドレスで上映されていた。また別の大きな会場では、ビートルズについてのトークショーが催されていた。

別の会場ではポスター販売とＶＩＰのサイン会が

行われていた。特にポール・マッカートニーのバンドの元ギタリストのサイン会には長蛇の列ができていた。すべてがビートルズ一色の会場であった。

いろんな会場をはしごして楽しんだ。とても幸福なひとときだった。ビートルズに関するものを観たり聞いたりするのも幸福だが、ビートルズファンの人たちのうれしそうな顔を見るのも幸福だった。そして、「世界中のビートルズファンが集うこの会場に、自分もビートルズファンのひとりとしてここに立っているのだ」と考えると、とても不思議な気がした。何の因果《いんが》か、この瞬間、偶然にもこの場所に立っていることに…。もし20年前に来ていたら、きっと気が狂っていたことだろう。「10日くらい前に感じた『リバプールに行きたい』というあの強い衝動は、きっとこれだったのだ。直感というのは不思議なものだ」。とても腑におちる結論だった。「ビートルズに呼ばれたんじゃないか」、そんな気さえした。

20年間の思いがこんな形で実現するとは！　目に見えない不思議なパワーに導かれて自分がここにいるように思えた。「運命だ！　偶然でも何でもなく、そう予定されていた。20年前からここに来るようにプログラムされていたのだ！」。私の妄想は、どこまでも広がっていった。

〈4〉かっこ良すぎる日本人

「インターナショナル ビートルズ・ウィーク」のメイン・イベント会場では様々な催しが行われていたが、その会場の一つであるライブ会場ではビートルズのトリビュートバンドによる演奏がエンドレスで行われ

ていた。会場に入ると、前日キャバーンクラブで演奏していた日本人のトリビュートバンド「Beatvox」（ビートボックス）がスタンバイしていた（P185写真）。

彼らの演奏が始まった。ポール役の人は、すでに声が潰れていた。「このバンドと一緒にリバプールに来た」と話す横浜のおばちゃんは、ステージの最前列で日の丸とユニオンジャックが描かれた扇子を振り回し、「応援してね〜」と言いながらノリに乗っていた。「このあと夜10時にキャバーンパブでも演奏するので、よかったら来てね」と誘われた。

夕食は、ホテルでのビュッフェ。3・5ポンド（当時のレートで換算して700円ほど）と格安なのに最高に美味しかった。バーでカクテルのシャンデーを飲んでDVDやカレンダーなどのグッズを買って、夜9時半にアデルフィーホテルを出た。

キャバーンパブに行くと列ができていた。しばらくして中に入ると、ちょうど「Beatvox」が演奏していた（写真）。リーダーの人が、"I'll teach you some Japanese."（日本語をいくつか教えるよ）と言って、「サイコー」「アリガトウ」「コンニチワ」「アイシテル」を観客に教え、リピートさせていた。

「サイコー!」「サイコー!」とリピートさせ、さらに"Are you enjoying?"（楽しんでる?）と叫ぶと、"Yeah!"（イエー!）と大き

な反応が返ってきた。観客はノリに乗っていた。私の勝手なイメージで、「所詮発音面などでは現地の人たちにかなわないわけだから、現地のバンドの前では遠慮がちになってしまうのではないか」と思っていたが、彼らは全くその逆だった。

ネイティブの英語ではないにしても、臆することなく堂々と語り、現地の人たちをどんどん引き込んでいく。演奏中の彼らはオーラをまとい、きらきらしていた。日本人でありながら、現地の言葉を使って現地の人をここまで盛り上げさせる彼らのパフォーマンス力にしびれた。日本人として誇らしかった。彼らの演奏が終わった時、フロアから日本語で叫んだ、「お疲れ様〜！」と。（ずっと後になってネットで検索したところ、「Beatvox」（ビートヴォックス）は２０１０年をもって解散したとのことだった。）

次に出てきたのは現地トリビュートバン

ドの「Beatlemaniac」（ビートルマニアック）、そして「Beatless」（ビートレス）と続いた。会場はまだ大いに盛り上がっていたが、もう夜中の12時前だったので、Cavern（キャバーン）の文字が入った黒のTシャツを買い、会場を後にした。

ユースホステルの部屋に入ると、朝見かけた3人の女の子のうち1人はすでにイビキをかいて寝ていて、もう1人は夜中の1時頃帰ってきた。

〈5〉ビートルズ最高！

8月30日、月曜日。リバプール滞在最終日。前日の盛り上がりの影響で、朝はやっぱり早く起きれなかった。

シャワーを浴び9時半頃ロビーに行くと、同じ部屋に泊まっていた女の子がいた。そのブラジル人の女の子は、私が着ていたビートルズTシャツを見て、「かわいいTシャツね。どこで買ったの？」と尋ねてきた。そこでアデルフィーホテルでのメイン・イベントのことを話した。彼女も、ビートルズ・ウィークに合わせてリバプールを訪れたそうなのだが、そのメイン・イベントの件は知らなかったそうである。改めて私は「今回かなり幸運だった」と感じた。

その後、ユースホステルを後にした。ポールも通っていたというリバプールのカテドラル（大聖堂）を訪れた（写真）。

カテドラルの正面ではなく裏手のほうにたどり着いたようだった。か

なり大きな建物なのに、あたりには誰ひとりいなかった。目の前にあったのは焦げ茶色の巨大な建物だった。圧迫感を感じさせる存在感だった。威厳がありすぎて一種の威圧感のようでもあった。

この日は天気も悪い上に、カテドラルの敷地内は風も強く吹き荒れていたせいか、建物が憤慨してこちらに迫ってくるような感覚に襲われ怖かった。建物を見て「恐ろしい」と感じたのは初めてだった。その後、ビートルズにまつわる博物館「ビートルズ・ストーリー」（写真右）を訪れ、オーディオ・ガイド英語版を借りてじっくりと見て回り、ちょうど2時間で出てくることができた。

その後バスセンターに行き、スタッフに聞くと86番のバスが目的地であるペニーレインに行くことがわかった。バスに乗り、ドライバーに最初に話しておいたので、途中で「ペニーレイン」と合図し降ろしてくれた。

ビートルズの曲「ペニーレイン」の歌詞に出てくる「ラウンドアバウトのど真ん中にあるシェルター、床屋、銀行、教会」の写真を1枚1枚撮って回った（写真左）。ペニーレインの通りをずっと歩いていくと、前々日にツアーで来た時に写真を撮った場所までたどり着いた。途中でおしゃれなパブを見つけ、サイダー（リンゴ酒）を1杯飲んで出た。再びラウンドアバウトに戻り、今度はジョンが以前住んでいた家へ向かった。

メンラブ・アベニューへ向けてひたすら歩いた。途中で道がわからな

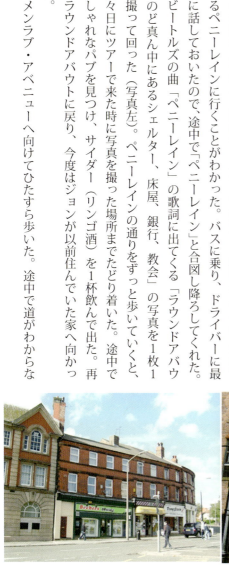

くなったり、逆方向に進んでいるかと勘違いしてうろうろして何度も挫折しそうになったが、ようやくジョンの家にたどり着いた。40分くらいひたすら歩いただろうか、とても遠く感じて足が痛かった。ちょうどツアーの人たちが先にジョンの家を訪れていて門が開いていた。前々日のマジカルミステリーツアーの時はバスから降りることもできなかったが、今日は心ゆくまでジョンの家を近くで眺め写真をたくさん撮ることができた。時間があればカテドラルの最上階に上がりリバプール市内を見渡したり、タウンホールも見てみたかったのだが、帰りの列車の時間が迫っていて、残念ながら見られなかった。

午後6時52分、リバプール発の列車は9時30分にノッティンガムに到着した。その後、夜10時過ぎのバスに乗って大学の寮に向かった。そのバスは寮の近くに停車するバスではなかった。そのため、ノッティンガム大学南門の近くで降りるはめとなり、猫1匹いない大学内の暗い夜道をリンカーンホール寮に向けて、てくてく歩いた。

やっと寮に着いた。同じ研修で一緒に来ている日本人研修生が外でたばこを吸っているのが目に入った。彼を見て思わず、「あー、疲れた」と日本語が出た。彼はこちらに気づくと、すごい勢いで寮の中に入り、寮内のみんなに聞こえるくらいの大きな声で「帰ってきたー」と日本語で叫んだ。

寮に入ると、5人の日本人研修生が心配そうな顔で出てきた。彼らの顔を見るなり、私は自分が着ていたビートルズのTシャツを指さして、「ビートルズ最高!」と叫んだ。それを聞いて、みなゲラゲラ笑った。私の帰りがあまりに遅いので、何かあったのではないかと心配し、どうしたものかと話し合っていたそうだ。「しまった。そんな心配をよそに脳天気に『ビートルズ最高!』なんて。本当に申し訳ない」。

このリバプール訪問は思いもかけないことの連続だった。ビートルズとの絆を感じることのできた不思議な3日間だった。

(2004年8月訪問)

（左）ビートルズの前身バンドとして知られるクオリーメンの元メンバーと（写真右側がバンジョー担当のロッド・デイヴィス氏、左側がドラム担当のコリン・ハントン氏）

（右）ポール・マッカートニーが子どもの頃住んでいた家

ジョン・レノンが少年時代、母の姉、ミミおばさんことメアリーと住んでいた家（写真右）と家の玄関（写真左）

リバプールの風景

アルバム「アビイ・ロード」のジャケット写真は、ロンドンのアビイ・ロード・スタジオの前の横断歩道で撮影された

第46話 LIFE IS GOOD!「ライフ イズ グッド」（イギリス ノッティンガム）

（宮崎市立生目台中学校PTA新聞 平成17年3月14日発行 「遠目塚先生の海外研修記」の記事より）

イギリス滞在中に最も胸を打たれた英語の表現について書きたいと思います。

イギリス研修の合間に、個人的にいくつかのボランティア活動にチャレンジしました。そのうち、重度の障がい児の通う養護学校へは6回行きましたが、その学校では日本について勉強するコースがあり、日本の地理やひらがな、習字等の学習がなされていました。

そのコースを担当しているネイラー先生は、個人的に日本に興味があって自分でいろいろ調べて生徒に指導されており、わからないところを私がお手伝いするというものでした。

生徒たちが日本に関するビデオを制作していると聞き、重度の障がい児がどのようにビデオを作っているのか興味があって、見学させてもらいました。

生徒たちは全員が車椅子使用者で、自分で体を動かしたり言葉を発することが困難でした。数名の生徒が着物を着て、作り物の刀を持ち黙ってたたずんでいるようにしか私には見えませんでしたが、先生たちはそれを「演技」と呼んでいました。

別の日には、女性の先生が尺八を吹き、ネイラー先生が白い衣と日本の鬼の面をかぶって、生徒たちの周りを何回も回り、その時の僅かな動きやかすかな声の変化も見逃さずビデオに撮っていました。後で、こうした生徒のかすかな動きを学習の成果としてビデオ編集するのだそうです。

おわりのように、これは「日本についての学習ビデオ」というより「日本文化を教材にした生徒の学びの記録」でした。編集途中のビデオを私に見せながら、ネイラー先生は「この子はこの場面で少し手が動かせて演技したんだ」とうれしそうにおっしゃっていました。そして、「子どもたちにあらゆる機会を通して、〝ＬＩＦＥ　ＩＳ　ＧＯＯＤ〟（生きてるっていいな）と感じてもらいたいんです」とさりげなくつけ加えられました。

どんな小さな可能性も信じ、ささいな変化も見逃さず、わずかな成長を喜び、明日を信じて一瞬一瞬の指導にあたっているネイラー先生の熱意には本当に脱帽しました。日本では、私はつい「無理だろう」「できるはずがない」「現実を見ろ」と考えてしまいます。しかしここでは、「できる」「させる」という発想で教育がなされていました。生きていることが、どんなにすばらしいことかを感じさせるために。

「ＬＩＦＥ　ＩＳ　ＧＯＯＤ！」

この言葉こそ、私のイギリス研修中に出会った最も美しい言葉です。

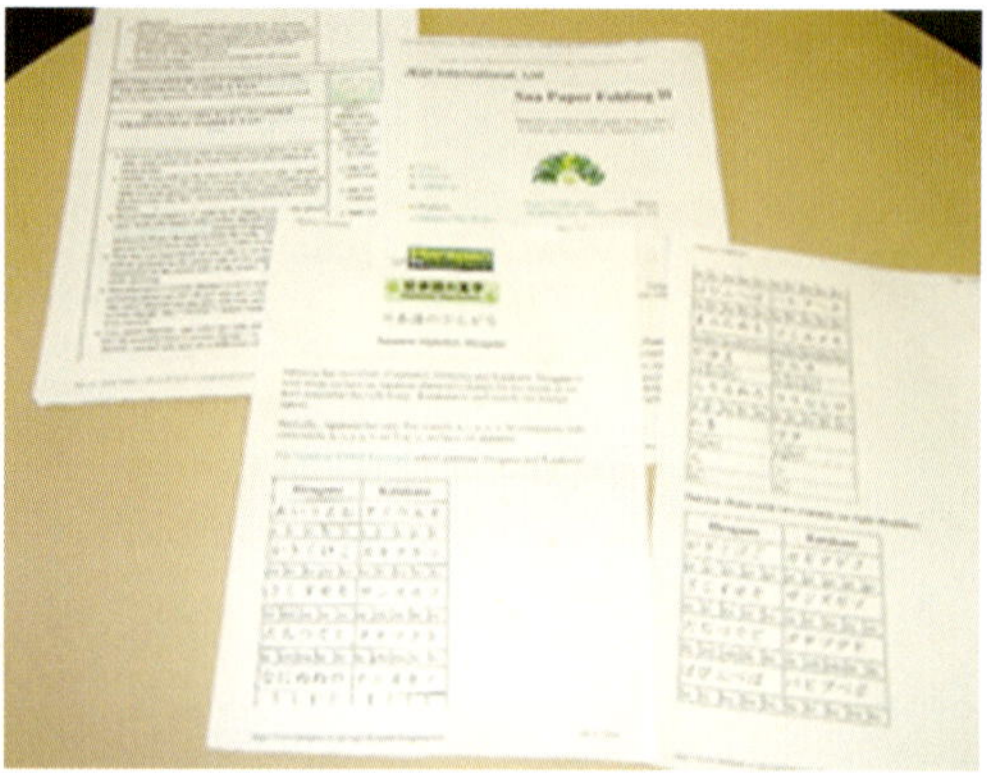

第47話　涙のお別れ（イギリス　バース）

40歳の時、長年の夢であった「イギリスで生活してみたい」が叶った。

私にとって、イギリスは特別な国だった。幼い頃に歌った「ロンドン橋落ちた」の童謡、小学生の頃夢中になった「ベイ・シティ・ローラーズ」というバンド、「キッス」というロックグループ、映画「小さな恋のメロディ」、そして大学時代にはまった「ビートルズ」、「ローリング・ストーンズ」、「ワム」、その他のＵＫロック、そしてシェークスピア、その他の英文学。イギリス発祥の物はなぜか、私の感性にいつもヒットしていた。そのため、イギリスは時間をかけてゆっくり観光したい国であり、定年退職後に時間を気にせず訪れたい国であった。

そんな私に、思いがけないチャンスが突然訪れた。文部科学省の英語教員派遣制度により、２００４年の宮崎県代表として半年間イギリス研修に行かせてもらえるという話が舞い込んできたのだ。両親に相談する前に、二つ返事で承諾した。この研修では、まずイギリス南部の都市バースにホームステイしながら語学学校で２ヶ月の語学研修を行い、その後ノッティンガムに移動して、大学の寮で生活しながら、ノッティンガム大学での英語教育に関する本研修を受講し、教育論文を仕上げるというものだった。

６月に最初の研修の地、バースへ出発した。出発前に説明があったのが、イギリスの語学学校でのホームステイについてである。ビジネスで行っているため、いわゆる文化交流でのホームステイとは異なるので、そのつもりでいてほしい、ということだった。受け入れ先のファミリーは、語学学校から決められた額で受け入れを行っているので、おもてなしや食事の内容を期待してはいけないよ、ということ。

私を受け入れてくださった家族は、年齢60代のご夫婦だった。名前はボブとパット。当初の予想は、いい意味で裏切られた。この夫婦は、ビジネスで受け入れているとはみじんも感じさせないほど、どんな時も親身であり、またパットは料理上手であった。（イギリス料理はおいしくないとさんざん聞かされていたのだ。）毎日夕食が楽しみであり、時には上質のワインを振る舞ってくれ、このことは他の研修生から大変うらやましがられた。

朝、起床前にベッドの中でまどろんでいる時に、外から英語が聞こえてきた。パットが近所の人と談笑している声だった。その声を聞いて、イギリスで生活しているのは夢じゃないと実感できた。

バースにはたった2ヶ月間の滞在だったが、毎日のように"How was your day?"（今日はどうだった？）と聞いてくれ、語学学校の宿題に頭を抱えていた時は、"I will help you with your homework."（宿題を手伝ってあげるよ。）と提案してくれ、また私の文句をただただ頷いて聞いてくれ、ヘアードレッサー（美容室）でのトラブルの時は、"I will go to ask about the price."（値段を確認してくる。）と本気で腹を立て、パブ（イギリスの酒場）で宿題をしたことを言っては大笑いし、ロンドンでの二日酔いの話も大ウケ、"I love that, ha ha ha."（それはいい、あはは）と豪快に笑い、ダンスのこと、友だちのこと、ビデオを見せてくれたり、カー・ブーツ・セールと呼ばれる蚤の市に連れていってくれたりと、楽しいことばかりだった。

パットの心情は、"If my children live in a foreign country,…"（もし自分の子どもたちが外国に住んでいるとすれば…。）といつも考えて、子どもたちが受けてもらいたい扱いを自分もしている、のだそうだ。真に良識ある、そして真に礼儀正しいイギリス人だった。

いわゆる上級クラスの雰囲気を持つが、自分たちは決して贅沢をせずに、ゲストには最高のもてなしをしてくれる。時々出してくれるワインも最高だった。そんな上品な人たちが、蚤の市で中古品のものを探して買うというのは私には信じられないことであった。ゲストには良いものを提供してくれる一方、自分たちはなるべく質素に過ごしていた。これこそ本当の人に対する優しさであるように私は感じた。

楽しい日々はあっという間に過ぎ去り、次の目的地であるノッティンガムへ移動する日となった。いつも朝起きるのが遅いボブが、この日は早起きして見送りしてくれた。これまでパットとボブが私にしてくれたたくさんの気遣いや優しい言葉の数々を思い出した。パットと最後にハグをした。

"Thank you for treating me like a real family."（本当の家族のように接してくれてありがとう。）心の底からあふれ出た言葉だった。それを聞いて、パットは涙声でこう言った。"Of course, you are my family."（もちろん、あなたは私の家族じゃないの。）その言葉に感極まり、どっと涙があふれた。

迎えのタクシーに乗った。涙で2人の姿がぼんやりにじんだ。タクシーがゆっくりと発車した。涙はあふれ続け、とうとう2人の姿がかすんでしまった。その遠くにかすんだ2人に向かって、私は手を振り続けた。その後も涙がとめどなく流れ続けた。


日本では、「本当の家族」と言う時、一般的にそれは血がつながった家族を指す。だから、血がつながっていない人が親身になってくれた時には、「本当の家族のように」という言い方になる。このような発想でものを考える日本人の私にとって、この異国の地で、その時初めて知り合った人に「私の家族」と言ってもらったことに何とも言えない思いがあふれた。

あの涙のお別れから14年の歳月が流れた。彼女とはその後も年2〜3回の文通を続けている。パットは今年80歳を迎える。

（2004年8月訪問）

ホームステイ先の裏手にあったラウンド・ヒルと
呼ばれる小高い丘からの眺め

[バースの風景]

(上) エイヴォン川

(上) 1774年に建造されたパルトニー橋

(右) 古代ローマ人の公衆浴場跡「ローマン・バス」。温泉の街として発展したバース (Bath) はお風呂 (bath) の語源となった。

パットの手料理 (右が牛テールの煮込み料理「オックステール」、左がイングランドのヨークシャーで生まれたイギリス家庭料理「ヨークシャー・プディング」)

スコットランドの民族衣装「キルト」。男性が着用するものであり、
腰に巻いて身に着ける。

「きかんしゃトーマス」に乗車できるアルトン駅。
ロンドンから急行列車で２時間（アルトン駅で接続
するウォータークレス線という全長わずか 13 キロ
の保存鉄道に「きかんしゃトーマス」の姿に変身し
たＳＬ列車が春と夏の２回登場する）

[スコットランド北部　ハイランド地方]

（下）イギリス最大の淡水湖「ネス湖」。未確認動物「ネッシー」が目撃された湖としても有名

（右）ネス湖を望む崖の上に佇むアーカート城
（13世紀に建造され、現在は廃墟と化した古城）

「ネッシー」とは、「ネス湖の怪獣
（the Loch Ness Monster、ロッホ・
ネス・モンスター）の通称」

第48話　パリのギャルソン（フランス　パリ）

8月11日。この日はヴェルサイユ宮殿観光に行き、歩き疲れた足と空っぽの胃袋を携えたまま、シャンゼリゼ通りへ夕方繰り出した。

しばらく通りを歩いた後、明るい雰囲気のレストランに滑り込んだ。外から見た感じでは優雅な雰囲気のレストランだったが、中に入ると、夕食時も重なって多くの客でごたごたしていた。テーブルの片付けが追いついていないようで、しばらく待たされた。

いつも西洋諸国を旅する時に思うことは、「なぜもっと人員を増やさないのか」ということだ。駅でもレストランでも観光地でも、圧倒的な数の客に対応するのはいつもごく少人数のスタッフ。しかし文句を言う場所がどこにもないため、客は我慢して待つしかない。皮肉なことに、その少数スタッフのほうが絶対的存在なのだ。

客に対応していたスタッフは2人。1人は40歳くらいの白人男性。そしてもう1人は年若い黒人男性。白人男性のほうはおそらくこのレストランにおいて指導的な立場の人物と思われた。次々に入ってくる客をシャキッとした姿勢と上品な笑顔で迎えては、隙間時間を狙って若い黒人スタッフに指導しているように見えた。

「ギャルソン」──。普段の生活では絶対に口にすることのないフランスの言葉がふと浮かんだ。かっこいいギャルソン（男性給仕）。さすがフランス語、なんとおしゃれな良い響きなんだ。キラキラとした言

凱旋門の頂上から眺めた
シャンゼリゼ通り

葉の響きを心の中で楽しんだ。その白人スタッフがもう少し若かったら、これほどこの言葉のイメージとピッタリ合う人はいないのではないか。

「そろそろ…、オーダーしてもいいかな…」。

"Excuse me."（エクスキューズ　ミー）という英語は自然と封印された。かっこいいギャルソンのイメージの漂うフランス人紳士に普段使いの英語は似合わない。

私は黙って手を挙げた。

気づいた彼も、こちらに合わせてか、非言語的手段で答えてくれた。目と眉毛と指1本で。

「大変申し訳ありませんが、もうしばらくお待ちいただけますか?」

こちらも、かすかな頷きとハンドジェスチャーで返す。

「了解」。

しばらくして彼がテーブルに来た。私はオーダーを告げた。メニュー表には親切にも、料理一つひとつに英語の表記がされていた。

そして、不覚にも…、最後に英語で"please."（プリーズ）と言ってしまった…。

その瞬間、魅惑の「ギャルソン」としてテーブルに来た彼の「魔法」は解け、普通の「ウェイター」となって厨房へと消えていった。

（2015年8月訪問）

[ルーブル美術館]

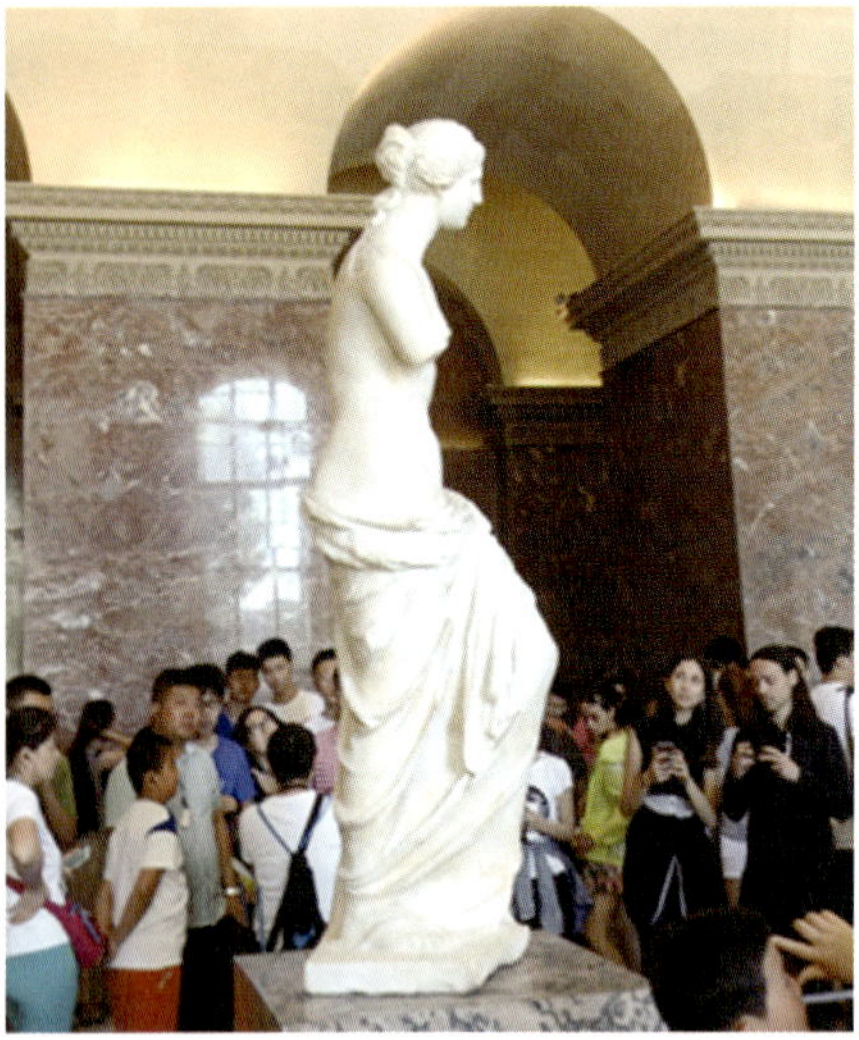

[ベルサイユ宮殿]

セーヌ川クルーズ

ソルボンヌ大学

大学裏の路地

第49話　夜明けの出来事（ベルギー　アントワープ）

アントワープでは、前日にネットで宿を押さえておいた。遠回りして宿泊先のフラット（家族用アパートメント）に着いた時は、すでに午後10時を回っており、あたりはすっかり暗くなっていた。

「部屋でゆっくりする前に、ペットボトルの水を買っておこう」。

水を求めてあたりをさまよった。しかし、安いフラットだけあって、近場には店らしきものはなく閑散としていた。

フラットを右に出て、道路を渡り、そのまままっすぐ進むと、道路の曲がり角に古びたカフェがあった。カフェの前に若い黒人男性15、6人ほどが集まり、ワイワイガヤガヤしていた。男たちが手にしていたのは、コーヒーカップではなくビール缶だった。お互い近い距離で話しているというのに、男たちの声はやたら大きかった。

たとえこのカフェで水が売っていたとしても、入る気にならなかった。

そのまま男たちの横をすり抜けあたりを見回した。やはり水が売っているような場所はなかった。反対側の通りに戻り、裏の通りに出たところでやっと小さなマーケットを見つけ、ようやくそこでペットボトルの水を手に入れた。

フラットに戻り、12時前にはベッドに入った。しかし、なかなか寝付けなかった。一番の理由は、カフェに集まっていた男たちのやたら大きい笑い声のせいだった。フラットの部屋はカフェの反対側で、しかも5階だというのに、まるで壁がないかのように彼らの声が響いていた。真夜中を過ぎてもまだ男たちの声が小さくなることはなかった。1時を過ぎてもガヤガヤは続いていた。「もうこうなったら徹夜でいいや」

とも思ったが、そう思っていたらいつの間にか眠りについていた。

深い眠りに入っていた…。が、突然の大音響で目が覚めた。

「ウワアアアアアアアアアアアアアア」。

「ん？　サイレンか？」。

何が起こったのだろうか。心臓がバクバクし始めた。

「ウワアアアアアアアアアアアアア」。

再び大音響がした。

が、それはサイレンではなかった。大絶叫、人の声だった。時計を見ると午前5時30分。その後に続いたのは別の男の声だった。何を言っているのかわからない。英語なのかフランス語なのか？　ただ、明らかに聞こえてきたのは、人をののしる時によく使われるあの「F##ing」という単語だった。繰り返し繰り返しその言葉は聞こえてきた。あり得ないほどの大声で文句を言っているように聞こえた。すると、その文句に対抗するかのように、またあのサイレンのような大絶叫が響いた。

「ウワアアアアアアアアアアアア」。

その後に、ますます「F##ing」をこまめに挟んだ大音響の文句が続いた。

「彼らは喧嘩をしているのか？」。

どんな男どもが喧嘩をしているのか顔を見てやりたい気もしたが、眠さには勝てず、ベッドから起き上がることはなかった。大絶叫と大音響がまだ続いていた。

しばらくの沈黙。そして今度は、突然の「バーン」という金属音。

その後、「ウワアアアアアアア」の大絶叫は途切れ、「F##ing」の文句だけが続いた。

「もしや…？」。

心臓の鼓動がさらに早くなった。

「もしや、発砲事件か…？　そのうち、パトカーのサイレンがけたたましく鳴り、野次馬どもであたりは騒がしくなっていくのか…？」。

ベッドの上で、ただただ息を殺して時間が過ぎるのを待った。しかし、サイレンの音も野次馬の声も聞こえることなく、すっかり外が明るくなった。一体外はどうなっているのか？　血の海か？　男の死体が転がっているのか？

恐る恐るカーテンを開けた。しかし、外には何もなかった。思い出してみれば、テレビで知る限り、ピストルから発砲された時の音は「パーン」であって「バーン」ではない。あの時の金属音は、車同士がぶつかったような音だった。「だとしたら…文句を言っていた男が、腹立ち紛れに叫んでいた男に向かって車を突進させ、勢い余ってどこかにぶつけたか？　叫んでいた男は怖くなって逃げたか？」。

外に出てみた。車の破片らしきものは、どこにも落ちていなかった。

見方を変えてみた。「もしかしたら、あの2人は喧嘩していたわけではなかったのでは…ただ単に、一緒にふざけて、何かに対して大音響で不満をぶつけていただけなのか？」。今となってはすべてが謎である。

道路を渡って夜中に黒人の男たちが大騒ぎしていたカフェの前まで行ってみた。通りには猫一匹いない。昨夜の賑わいとはあまりにもかけ離れた、まるで死んでいるかのようなカフェの佇まいだった。このカフェのある交差点を形容するならば、まさに「さびれたカフェの一角」であろう。

その一角に立っていると、「昨夜から今日未明にかけての出来事は、実は夢だったのではないか…」と、そんなふうに思わせる、妙な感覚に陥った。通りのどこを歩いても、未明の出来事を証明するものは何一つ見つからなかったからだ。

「本当にすべて夢だったんじゃないか?」。

しかし確かに、カフェは存在していた。そしてそのカフェの入り口には、(昨夜は気づかなかったが)「MY DREAM CAFE(私の夢のカフェ)」と記されていた。

(2015年8月訪問)

(左)想像していたよりずい分小さかったブリュッセルの小便小僧「ジュリアン君」

(右)「ジュリアン君」をモデルとした像があちらこちらに見られた。

鍋いっぱいの「白ワイン蒸しムール貝」にポテト、ワイン1杯ついて10ユーロ

ベルギー名物「ワッフル」

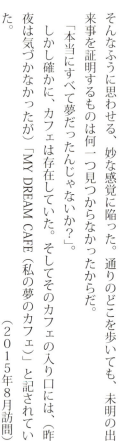

[物語「フランダースの犬」の舞台　ベルギー　アントワープ]

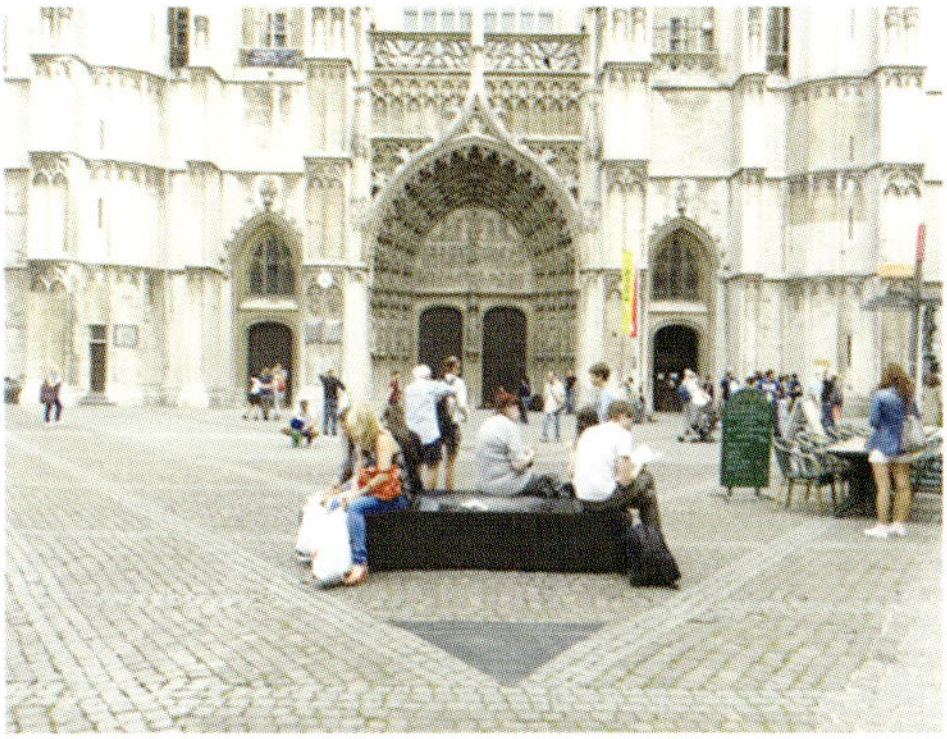

「フランダースの犬」の最終回の舞台となった教会「聖母大聖堂」（写真左）の広場にある、ネロとパトラッシュの記念碑（写真下）

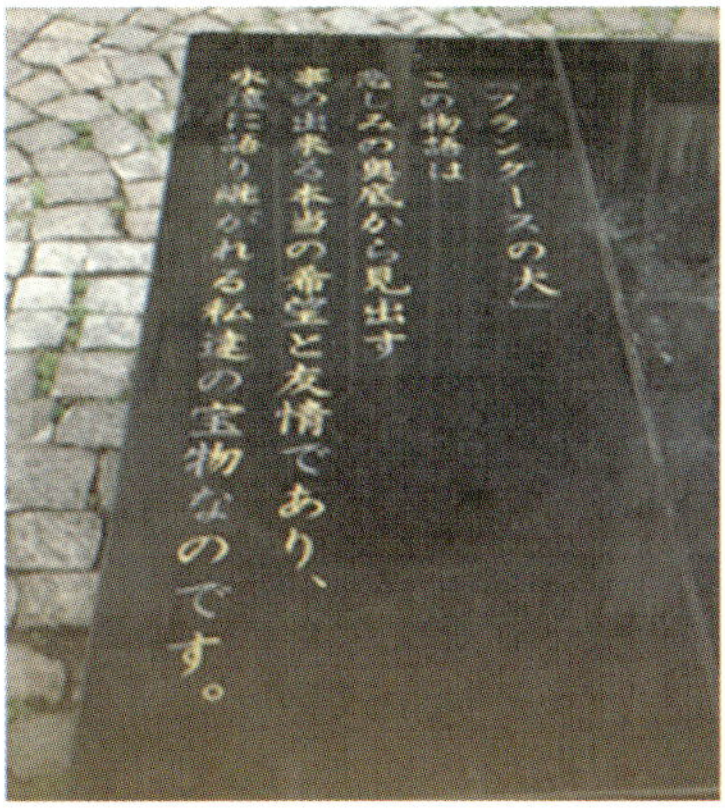

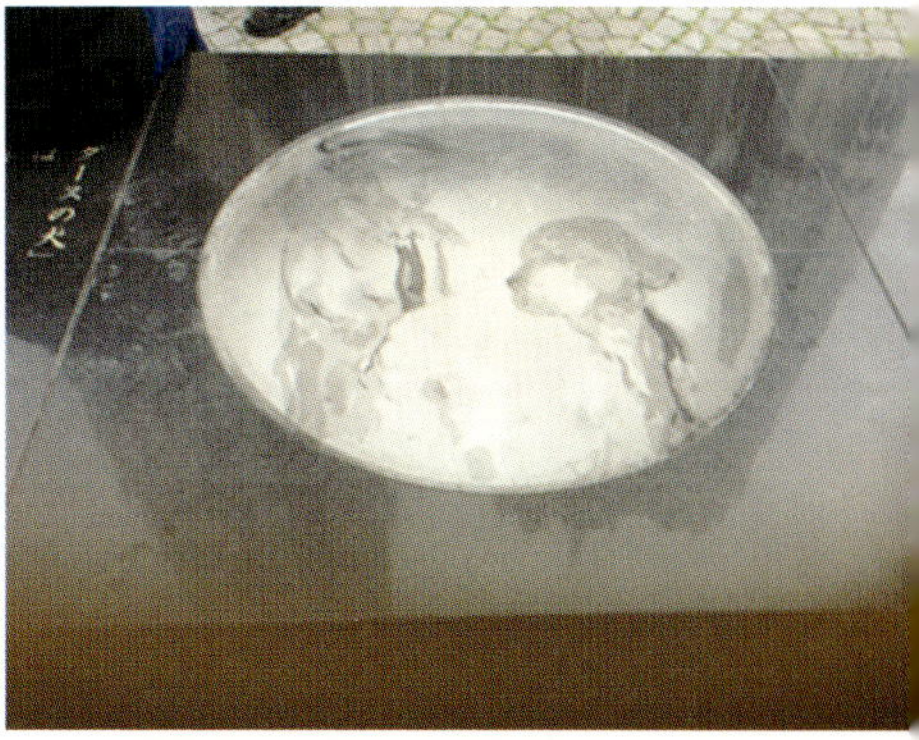

教会内部

少年ネロが最後に観たかった絵画が、ルーベンスの「キリスト昇架」と「キリスト降架」（写真）。「キリスト降架」を観たのを最後に、この絵の前でネロとパトラッシュは永遠の眠りについた。

ルクセンブルク大公国　ルクセンブルク市の風景

オランダ　アムステルダムの風景

（左）アムステルダムにあるアンネ・フランクの家（隠れ家）

（右）アンネ・フランクの家に入場するチケットを求める人たちの長い行列

アムステルダム国立美術館

第50話　命からがら（スリランカ　コロンボ〜シーギリヤ）

〈1〉いきなりのハプニング

上海発コロンボ行き飛行機は、定刻の午後7時に到着した。空港内で両替も済ませ、いざ到着ロビーへ。さて、ガイドとドライバーはどんな人なのか？　日本からのお土産も2人分用意した。スリランカでの最初の出会いにワクワクしながら視線を横に流していった。現地のガイドたちが、旅行者の名前を書いたプレートを掲げズラッと一列に並んでいる。しかし…ない。私の名前が書かれたプレートが。

いくら探しても私の名前はなかった。「そんなばかな。あり得ない」。しばらく待っていたが、一向に現地ガイドが現れる気配はない。「忘れられているのか、はたまた何かあったのか？」。

近くに立っていた他の旅行会社のおじさんが、こちらを気にして声をかけてくれた。旅行会社名を言ったが「知らない」とのことだった。現地の女性も気にして、「ホテルはどこ？」と聞いてくれた。

すっかり路頭に迷ってしまい、「さて、今夜これからどうするか。日本のツアーデスクは営業を終了しているし、いっそツアーを全部キャンセルして1人で回ろうか」とも考えた。すると先ほどのおじさんが、私が手にしている行程表にあった旅行会社のコロンボ支店に電話してくれた。繋がった。電話に出た現地スタッフは日本語がペラペラで、「すぐ確認する」と返事をした。先ほどのおじさんの携帯電話で何度かやりとりして、「ドライバーが今向かっている」というところまでようやくわかった。

おじさんにお礼のチップを払って、あとはただ待った。ドライバーが現れたのは8時半を回っていた。

1時間半も待たせられるとは…。個人ツアーで申し込んでいるというのに迎えが来ていないなんて。しかも初めて訪れる外国でこんな感じで旅行者を不安にさせるなんて、旅行会社が一番やってはいけないことだ。

しばらくしてようやくドライバーが到着した。ガイドは?と聞いたが、このドライバーがガイド兼ドライバーを務めるということだった。彼に自己紹介したあと、何かあったのか聞いてみた。彼は「渋滞に巻き込まれた」と言った。しかし外に出てみたがどうもそのようには思えなかった。単にうっかり忘れていただけじゃないのか? さらに車に乗って話をしてみると、「旅行会社からは到着が夜の11時40分と聞いていた」と言うのだ。旅行会社からの連絡がうまく行っていなかったのか?(しかし後でわかったが、このドライバーはとんでもないウソつきだった。自分の勘違いを「旅行会社のミスで」とでっち上げていたのだ。)

まぁ何はともあれ、スリランカのツアーはスタートした。しかし、あの親切なおじさんがいなかったら、とんでもないことになっていたに違いない。

〈2〉危機一髪

アーユルヴェーダ体験を午後7時に終え、例のガイド兼ドライバーが運転する車でホテルへ向かう途中のことだ。

この時間ともなると、疲れがピークに達し口数も少なくなり、「早くホテルでゆっくりしたい」という思いが先行する。道は、信号の全くない、舗装された一本道。道路は賑やかで、対向車線からスピードを出して走ってくる車が途切れることはなかった。

頭が何となくぼんやりし始めた頃、左手から一筋の光が見えて、車は止まった。交通取り締まり中のポリスがいた。ヘッドライトを点けていなかったことで、交通違反をやらかしてしまったようだ。別にライトが壊れているわけでも（一つは電球が切れていたが）、わざと点けずにいたわけでもなく、ひっきりなしに来る対向車のライトが明るくて、うっかり点灯するのを忘れていた感じだった。

しかし違反は違反。運転していたガイドは免許証を持って道路脇にある警察の事務所に来るよう促された。すぐ終わるつもりでいたのだろうか、エンジンはかけっぱなしで、ヘッドライトも点けっぱなしで車から降り、彼は警察官と一緒に事務所に向かっていった。私は助手席にポツンと取り残された。待ってもなかなか帰ってこなかった。疲れで体がさらに重たくなっていった。

しかし、ここからが恐怖の始まりだった。ふと気づくと、車がどうもノロノロと前に動き始めている。サイドブレーキは引いてあった。急いで窓を開け、大声で「エクスキューズ　ミー！」と叫んだ。ガイドが気づいて、走って車を止めに来るはずだ。だが、依然として姿は見えなかった。その間も車はノロノロと前に進んでいた。

引いてあるサイドブレーキを握り、力を入れてさらに引いてみた。しかし止まらない。目の前に電信柱がどんどん近づいてくる。「このまま行くとぶつかる！」。ハンドルを切った。なんとかスレスレで衝突を回避できた。しかし車はまだ前進を続けていた。

見ると、ギアがパーキングに入っていなかった。慌ててギアをパーキングに入れると、ようやく車が止まった。

冷や汗をかいた。車から飛び降りることも一瞬頭をよぎったが、そうなると車は無人のまま前進を続け、電信柱にぶつかった反動で方向を変え、下手すると反対車線に飛び出して大事故につながっていたとも限らない。
私は車のエンジンを止め、ライトを消し、キーを抜いてから外でガイドを待った。20分ほど経って、ようやく彼が苦い顔をしながら帰ってきた。車がずいぶん前方に進んでいるのを彼はどう思ったか。「ギアがパーキングになっていなかったために車が勝手に動き出し、必死で止めた」と説明したが、彼は上の空だった。罰金2000ルピー（約1500円）のショックが大きすぎたのだろう。ガイド兼ドライバーとして受け取るチップはせいぜい1日800ルピーだ。それなのに、ただヘッドライトを点け忘れたために2000ルピーもの罰金を支払わなければならなかったのだから、かなりの痛手だったことだろう。あまりに気の毒で、半分の1000ルピーは払ってあげた。

ジャングルの中に立つ高さ195メートルの巨大な岩山「シーギリヤ・ロック」。父親から王座を奪ったカーシャパ王によって、5世紀後半この岩の頂上に王宮が建設され、11年間王都として使われた。

恐怖体験をした上にお金まで払うことになるなんて…。前日の空港でのハプニングに続き、今回もあり得ないようなハプニングが起こった。

（2017年8月訪問）

頂上へと続く階段から眺めた景色

ライオンの爪の形をした宮殿の入り口。
「ライオンの入り口」と呼ばれている。

シーギリヤ・ロック頂上

スリー・マハー菩提樹（写真内の横に伸びている枝）。紀元前３世紀に、インドのアショーカ王の王妃サンガミッタがインド・ブッダガヤの菩提樹の分け木をここに運び、当時の王が植樹した。

ピンナワラにある「象の孤児院」。親をなくしたり、はぐれてしまった子ゾウを保護している施設

（右）古都キャンディに位置する仏歯寺。仏陀の歯が納められている。スリランカ仏教信仰の中心をなす寺

仏歯寺内

第51話　高すぎる果物（スリランカ　カルタラ）

カルタラは小さな町だった。中国人旅行者が多いのか、通りを歩いていると「ニイハオ」とよく声を掛けられた。どこで昼食をとろうか迷ったが、日本で働いていた経験があるというマスターが経営する食堂に入ることにした。

「日本はいい国だ」とマスターは私に話したが、日本での労働に耐えることができずに1ヶ月でスリランカに帰ってきたそうだ。そんなマスターが作ってくれたチキンカレーは、日本人好みの良い味だった。

店の道路を隔てた向かい側に、果物を売るスタンドがあった。中学生くらいの男の子2人と、青年1人が番をしていた。スタンドに所狭しと置いてある色鮮やかなフルーツ。カレーを食べた直後でもあり、何か急に甘いものが食べたくなった。

スタンドで果物を選んでいたら、がっちりとした体型の女性がいつの間にか目の前に立っていた。男の子の母親か？　結局、モンキーバナナ数本、マンゴー、ドラゴンフルーツ、マンゴスチン数個を買うことにした。「包丁を持っていないからドラゴンフルーツのカットができないなぁ」とつぶやくと、食べやすいように包丁を入れてくれた。

「いくら？」と聞くと「１２００ルピー（約８５０円）」だという。「えらく高いな。マンゴーが高くついているのかな」と思い、「マンゴーはいらない」と言うと８００ルピーになった。それでもまだ高いので、マンゴスチンを2個返した。６５０ルピーになった。この時点で、会計がいい加減なことに気づいた。

なんとなく釈然としないまま果物を受け取り、ホテルに戻った。部屋に入るとすぐ、ボーイが何か持ってきた。なんと、ウェルカムフルーツだった。しかも、自分が今買ってきたフルーツよりも断然豪華だった。

「なんだ、フルーツ買う必要なかったよ」。しかし、あとの祭り。口惜しさがこみ上げてきた。「フルーツこれだけで650ルピーなんて、ボッタクリにもほどがある」。

多少値段を上乗せされるのはしょうがないかとも思うが、これは2倍も3倍もボッタクっているのではないか？　腹立たしくて仕方なかった。ホテルのフルーツは一気に食べたが、買ってきたフルーツは、なかなか食べる気になれなかった。

しばらくベッドに横になったが、腹立たしさがどうにも収まらず、起き上がった。一回捨てたビニール袋をごみ箱から拾い上げ、そこにフルーツを戻し、先ほどの果物屋にクレームを言いに行こうとホテルを出た。

"Honestly, how much?" "You must be honest."（正直、いくらなんだ？）（正直に言ってください。）などの言葉を歩きながら考えたが、相手の出方によっては「こんな果物食えるか！」と叫んで果物を袋ごと道路に叩きつけてやろうかとも考えた。

イライラしながら果物屋にたどり着いた。男の子2人が店番をしていた。最初はにこやかに私を見たが、「Can I talk to the lady?」（先ほどの女性と話がしたいのですが。）と私が低い声で言うと、「やばい！」と言わんばかりの微かな笑みを一瞬浮かべ、そのままダッシュで後ろのレストランへと走っていった。クレームを付けにきたことがわかったようだった。

しばらくすると、何食わぬ顔をしながら落ち着き払った様子でさっきの女性が出てきた。ホテルから持ってきたフルーツを女性の目の前に差し出し、「これは一体いくらなのか？　高すぎる。全部返すから返金してほしい」と詰め寄った。女性は、「ドラゴンフルーツは包丁を入れたから返金できない」と言い、300ルピーだけ返金した。その300ルピーを女性から無言でもぎ取り、フルーツ屋をあとにした。

ホテルへの帰り道、ドラゴンフルーツがビニール袋の中で揺れていた。その果汁でビニール袋は真っ赤に染まった。

ホテルの部屋に戻ってドラゴンフルーツにかぶりついた。酸っぱくてこの上なくまずかった。

あの男の子2人は、女性の商売の仕方を見て学んだであろう。「商売はこんな風にするのだ」と。観光客や人のよさそうな相手には、料金をふっかけて売る。ただし、そのやり方が100%うまくいくとは限らない、ということも。

（2017年8月訪問）

第52話　YMCAで盛り上がる（フィリピン　ボホール島）

〈1〉マラテ地区の混沌

久しぶりに年末の海外旅行へ出かけた。行き先はフィリピン。行き帰りを含めて5日間の日程だったので、マニラを満喫する3日間にしようと思っていた。

マニラには夜7時頃到着した。マラテ地区にあるホテルにクーポンタクシーを使って530ペソ（約1200円）。ホテルは正直、期待外れだった。夜のマラテ地区は、ガイドブックによると歓楽街とあって、店や人がごたごたしている感じがした。韓国料理店、中華料理店、日本のラーメン屋、コンビニ、マッサージ店など、通りに所狭しと立ち並び、どの店も混雑していた。

夕食はセブンイレブンで買うことにした。中華まんを購入してイートインコーナーに移動し、包み紙を剥がしたその時、いやな物を見てしまった。紙に印字されていた製造年月日の青インクが、あろうことか中華まんの皮に見事に染みこんでいたのだ。これは私にとってダメなパターンだった。食欲が半減した。それが原因か、肉まんのあんもおいしく感じられず、3分の1残すことになった。

腹が膨れないので、別のセブンイレブンに行き、ミニカップ麺を買って再びイートインコーナーで食べた。スパイシービーフ味のカップ麺だったが、期待しているほどの味ではなかった。肉まんにしてもカップ麺にしても、添加物の味が強かった。マニラ観光で来たのだが、3日間このマニラで過ごすのかと思うとうんざりした。

ホテルの部屋に帰って、マニラを脱出する方法をiPad（アイパッド）を使って必死で探した。そして、マニラから飛行機で1時間半ほどで行けるボホール島に行き着いた。シーズンとあって、航空券は安くなかった。ホテルとセットになっている航空券を検索している間にも値が釣り上がっていった。海沿いの格安ホテルとのセットとなった航空券をクレジットカードで購入し、やっと安心してベッドに入ることができた。本当に便利な時代となったものだ。

〈2〉ボホール島へ

空港に着くと、タクシーの客引きに囲まれた。しかし、バイクで来ていた青年が「ホテルまで50ペソ（約120円）」と声をかけてきたので、バイクの後ろに乗ってホテルへ向かった。

ホテルは、海沿いの静かな場所にあった。近くに旅行会社はないか、ホテルのスタッフに聞いたところ、個人で観光案内の仕事をしているという知り合いにコンタクトを取ってくれた。「一日車1台チャーターして、ボホール島の見所を案内してくれる」という個人ツアーで、かかる費用は4000円ほどだった。

ボホール島は見所満載で、大変満足のいく1日となった。フィリピン最古級の教会バクラヨン教会、世界最小のメガネザル「ターシャ」に会える施設、ボホール島に生息する蝶が飛び交っている保護センターなどを楽しむことができた。

中でもボホール島最大の見所であるチョコレートヒルズと呼ばれる場所は、絵に描いたような幻想的な世界が広がっていて、まさに絶景と呼ぶにふさわしい景色だった。そこには、高さ30～40メートルの円錐形の小さな丘が約1200個、地平線の果てまで続いていた（写真）。4～6月の乾期に、その色がグリーンからブラウンに変色することからこの名が付けられたらしい。

午後は、島の北から南に流れているロボック川でのクルージングが最高に楽しかった（P227写真）。

約1000円のチケットを購入して観光ツアー用の屋形船に乗り込み、おいしいフィリピン伝統料理をバイキング形式で食べながら、ゆったりと1時間のクルージングを楽しんだ。川下りの途中には、川沿いの村に立ち寄り、船の上から子どもたちの歌やダンスを鑑賞した。船から下りて、子どもたちと一緒に踊ったり、ウクレレを購入する旅行客もいて、村人たちも観光客も笑顔にあふれていた。

クルージングで一番盛り上がったのは、船内での歌の生演奏だ。歌い手は、うら若きフィリピン女性。歌われていた曲は、私が好きな80年代の洋楽やビートルズ、日本の歌。

ジョージ・ベンソンの〝Nothing's gonna change my love for you〟グロリア・ゲイナーの〝I will survive〟ビートルズの〝Let it be〟等を彼女は伸びのある魅力的な声で歌い上げ、私の心も踊った。

「かたい絆に　想いを寄せて　語り尽くせぬ　青春の日々…」。

突然聞こえてきた日本語の歌。長渕剛の「乾杯」だった。彼女は日本の歌も、きれいな日本語の発音で美しく歌っていた。ずっと英語の歌だったが、途中で日本のお馴染みの曲が聞こえてきたので、心がほっこりとなった。ふと見ると、10人ほどの若い男女のグループが、「乾杯」の曲に合わせて体を左右に揺らしていた。どうやら日本人グループらしい。

クルージングも終盤となり、歌のサービスもラストとなった。

「ヤングマン、さあ立ち上がれよ、ヤングマン、今飛び出そうぜ、ヤングマン…」。おぉ！　我らが国民的ソング、西城秀樹の「ヤングマン」ではないか。なんてなつかしい。子ども時代に戻ったみたいに心がウキウキした。

ということは、あのお決まりのポーズがくるぞー！

「すばらしい、Y・M・C・A　Y・M・C・A」。

そして、案の定、あの若い日本人グループがみなで、Y・M・C・Aのポーズをしながら歌を口ずさんで盛り上がっていた。私もそのグループのほうを向いて、同じようにY・M・C・Aのポーズをしながら身体を揺らした。ヤングマンの曲の時だけ、その一角が異様に盛り上がり、ヤングマンの歌を通して日本人であるというアイデンティティを我々は感じることができた。

クルージングが終わって、観光客が次々と降りていった。最後に残ったのは10名の日本人観光客と私だけだった。なぜ私たちは残っていたのか…、それは、フィリピンのうら若き歌姫と一緒に写真を撮りたかったからである。やはり、私たちは日本人だ。

（２０１７年12月訪問）

第53話　ある英雄のこと（フィリピン　マニラ）

ホセ・リサールという名をフィリピンのマニラに行くまでは聞いたことがなった。実際は、マニラ地区のリサール公園に行くまで知らなかった。

マラテ地区のホテルから、ジプニーというフィリピン独自のジープのような公共の乗り物を使って８ペソ（約20円）でリサール公園までたどり着いた。旅行ガイドブックを見ると、リサール公園内に「ホセ・リサールの処刑地」と記されており、一体ホセ・リサールとは何者なのか、知っておきたくてその場を訪れた。

その処刑地にはモニュメントが建てられており、ホセ・リサールがこの場所で1896年12月30日午前7時3分に銃殺により処刑されたことが記述されていた。生まれが1861年とあったので、35歳で亡くなったことになる。

ウィキペディアでは、「ホセ・リサールは、フィリピンの革命家、医者、著作家、画家、学者であり、フィリピン独立運動に取り組んだことから国民的英雄と称される」と記述されている。

石碑の裏に現地係員がいて、「無料だからどうぞ」と奥に進むように促された。裏に入っていくと、もっと大きな石碑があり、一面に文字が刻まれていた。それは、3つの言語（スペイン語、英語、タガログ語）で刻まれた詩だった。

その中の英語の詩を読んでみると、タイトル"My Last Farewell"（我が最後の別れ）とあった。

「これは、ホセ・リサールの辞世の詩に違いない」。詩を読み進めた。頭の中に詩の言葉をイメージしながら。途中途中でその詩の言葉が心に深く突き刺さり、しばらくその場で足が止まった。そしてまた最初から読み直した。

そこには、祖国を思う熱い思いが美しくはかない言葉で記されていた。なぜ、これほどまで祖国に対して熱い思いを持つ人物が銃殺刑に処されなければならなかったのか。その思いが熱すぎた

ために、その抵抗勢力が放っておけない状況になったのだろうか？
その瞬間頭をよぎったのが、南アフリカに行った時に初めて知った黒人指導者スティーブ・ビコのことだった。彼も熱い思いを持った革命家、作家で、若くして非業の死を遂げた。
そんなふうにぼんやりと若き革命家たちに思いを馳せていると、石碑の右奥から笑い声が響いてきた。「奥にも何かあるのだろうか」。右手に進み裏に回ってみて、アッと言葉が漏れた。ホセ・リサールが銃殺される場面が、大きな人型モニュメントで再現されていたのだ（写真）。

ホセ・リサールが銃弾を受けた際のリアルな表情、そして撃ち込まれた背中の銃弾の跡まで型が作られていた。心が重くなった。

しかし、そこを訪れている現地の人たちや観光客は、それをただのモニュメントとしてしか捉えていないのか、ホセ・リサールの苦悶の表情のモニュメントに抱きついてニコニコしながらピースして写真を撮り、子どもたちにいたっては、銃を放っている兵士像をぐるぐる回って「キャーキャー」言いながら鬼ごっこしていた。その光景を見て、さっきまでの感慨もふぅーっと風に吹かれてしまった。

先ほどの詩の石碑に再び戻って、最後にもう1回詩を読んでみた。現地係員に「詩に大変感銘を受けた」と告げると、「あれは有名なリサールの最後の詩です」と、にこやかに答えてくれた。

その後、サンチャゴ要塞の中にある「ホセ・リサール記念館」を訪れて、さらに生々しく彼の偉業を知ることができた。彼は2冊の著書『ノリ・メ・タンヘレ（我に触れるな）』、『エル・フィリブステリスモ（暴虐の支配）』の中で、スペイン人に支配されたフィリピン人の惨状を暴き、名声を不動のものとした。この2冊の著書が後の革命へとつながったと言われている。

フィリピン独立運動の首謀者として１８９６年8月にマニラで逮捕され、12月26日に死刑が宣告された。そして30日の午前7時３分にスペイン官憲による銃殺刑執行。死刑執行の数時間前に、最後の詩となる「ミ・ウルティモ・アディオス（我が最後の別れ）」を執筆し、死刑前に面会に来た妹に託したそうである。

それにしても、なぜこんなに心がつかまれるのか。改革に燃えた天才が、若くして非業の死を遂げたからか。あるいは多くの人が見ている中での銃殺処刑という衝撃のためか。

もし彼があと、せめて10年長く生きていたら、フィリピンという国の方向性は、また違ったものになっていたのかもしれない。

次の日、12月30日の午前の飛行機でマニラをあとにした。機内で配られた新聞、『マニラ・ブリティン』にホセ・リサールに関する記事があった。奇しくもその日は彼の命日だった。1面のトップに、「(彼の)10歳の時の写真が初めて公開された」と写真付きの記事が掲載されていた。また、別のページにはドゥテルテ大統領の、「ホセ・リサールがめざしていた国を作る努力をすることが我々国民の務めだ」というコメントも掲載されていた。

間違いなく、ホセ・リサールは今もって変わらずフィリピンの英雄であり、精神的支柱となっており、フィリピンという国に与える彼の影響力が絶大なのだということを目の当たりにした。彼のスピリッツは、フィリピンでこれからも永遠に生き続ける。

マニラは観光のために訪れただけであったが、期せずして、フィリピンという一つの国に関する様々なこと（その歴史、国民性、国の将来等）について深く考える機会を得た。短い滞在であったが、非常に感慨深い旅となった。


（２０１７年12月訪問）

第54話　ストックホルム駅での地獄に仏（スウェーデン　ストックホルム）

８月９日の昼に、飛行機でヘルシンキからストックホルム入りした。空港から駅へ移動し、スーツケースをロッカーに入れた。これでひと安心。

この後、ストックホルム市内を見て回り、ストックホルム駅に戻ってきたのが午後9時。ノルウェーのオスロ行き夜行バスは午後10時20分発だから時間はたっぷりある。「腹ごしらえして、日記でもつけるか」と思い、荷物を取りにロッカーへ向かった。

ロッカー前に到着して、思った。「さて、どうやって荷物を取り出したらいいんだろう?」。

ヘルシンキ駅のコインロッカーは、荷物を入れて扉を閉めたあと、コインを挿入して鍵を抜き、その鍵を荷物を取り出すまで所持しておくという日本でもよくあるシステムだった。しかし、周りの人を見ると、コインではなくクレジットカードで支払っていた。

開け方がまるで分らなかったので、まず他の利用客が荷物を取り出す様子を観察した。すると、少し離れた場所に支払機があり、そこに番号を打ち込むと自動的にドアが開くようになっているようだった。利用客は、なにやらレシートのようなものを取り出し、それを見ながら番号を打ち込んでいた。

ロッカーに今から荷物を預けようとしている人もいたので観察した。すると、荷物を入れて扉を閉めたあと、少し離れた支払機まで行って、自動的に出てくる紙切れを受け取っていた。

「そうか…、扉を閉めた時に、あの紙切れを受け取らなければならなかったんだ！」。

その紙にはパスワードが書かれていて、扉を開ける時にそれを打ち込んでクレジットカードを挿入し、料金を支払うシステムなのだとようやくわかった。このようなシステムは初めてだった。昼間は何も考えずに荷物を入れ、さっさと扉を閉めて観光に行ってしまっていた。

その時、はたと、恐ろしいことに気がつき、青ざめた。

「ロッカーを開けることができない。やばい」。

夜行バスの時間も迫っている。駅の係員を探したが、それらしき人はいなかった。チケットカウンターまで走り、開ける方法を聞いてみたが、「ロッカー会社でないとわからない」ということだった。

「困った…。大変困った…」。

ロッカーの前で、誰かを待っている風の若い女性がいた。無口でおとなしそうな感じだった。（向こうから声をかけてくれないかな？）思い切り「困った感」を漂わせてみたが、動きはなかった。「もう時間がない」。勇気を振り絞って声をかけ、事情を話してみた。すると親切にも一緒に考えてくれた。

よく見ると、ロッカーの下部に会社の電話番号がシールで貼り付けてあった。「ここに電話してみよう」ということになった。しかし、電話に出た人がスウェーデン語しか話せなかったらどうしようもない。時間の余裕もほとんどない。私は自分のスマートホンを取り出すと、彼女に押し付けるようにスッと手渡した。切羽詰まっていることを彼女は理解してくれた。彼女は黙って番号を打ち、スウェーデン語で早々に話をつけてくれた。

そのうち彼女の待ち合わせ相手が到着した。ご主人だろうか？　恋人だろうか？　車椅子の優しそうな男性が目の前にいた。彼にも事情を話すと、ずいぶん同情し、優しい言葉をかけて励ましてくれた。

彼女が電話で聞いたところによると、会社の担当者が至急こちらに駆けつけてくれるらしい。「もう大丈夫だよ」と2人で励ましてくれた。

「本当にありがとう」。私は2人にお礼を言って別れた。「地獄に仏」とはこのことだ、と思った。あとは、本当に間に合うように会社の人が駆けつけてくれるのか？　それだけが心配だった。「ここで夜行バスに乗り遅れると、これから先の旅のプランが狂ってしまう」という不安しかなかった。1分1秒がとてつもなく長く感じられた。


5分ほど経っただろうか。後ろから「Hey! Hey!（ヘイ、ヘイ）」（スウェーデン語で人に呼びかける時の言葉）と声がした。振り返ると、さっきの車椅子の男性が、膝に何か小さなものを乗せてこちらに向かってきていた。

「あれっ？　どうしたんだろう？　何か言い忘れたのかな？」。

その男性はニコニコしながらこちらに近づいてきた。

私がきょとんとしていると、彼は、膝に乗せていたものを私に差し出した。それは…、アイスクリームだった。

「待っている間、これ食べて」。

男性の後ろには、電話をかけてくれたあの女性が、車椅子の後ろで同じくニコニコしながら立っていた。

「えっ？　わざわざ差し入れ買ってきてくれたの？」。

不安な気持ちでいっぱいのこの時に、異国の地で名も知らぬ異国の人からこのような心くばりを受けるとは…。思わず涙がこぼれそうになった。

私は「サンキュー」と言って、深々と頭を下げた。

ストックホルムの風景

ただ、「サンキュー」以外に気の利いた言葉が出なかった自分が情けなかった。カップルの姿が見えなくなるまで、ひたすら心の中で「ありがとう」を言い続けた。

そして、いただいたアイスの袋を開けた。それはチョコアイスだった。チョコでコーティングされたバニラアイス。口に含むと、ほろ苦い味が広がったあとに、包み込むような甘さが広がった。チョコの部分は日本のよりも苦め、アイスの部分は日本のバニラアイスより甘め。それはまるで、今のこの瞬間を味で表現しているかのようだった。

アイスを食べ終えてしばらくすると、警備会社の人が到着した。無事にロッカーを開けてもらえたが、手数料として日本円で1万6000円ほどかかってしまった。

予定外の高い出費であったが、仏様のようなカップルのおかげで予定通り旅を続けることができた。

（2014年8月訪問）

第55話　文通相手との出会い（フィンランド　ヘルシンキ）

〈1〉ペンパルだったエイヤのこと

エイヤと文通を始めたのは中学2年生の時だった。当時の英語の先生が国際ペンパルクラブのことを紹介してくださったのだ。「５００円を払うと海外のペンパルを1名紹介してくれる」というシステムだった。友だち数人とクラブに入会し、しばらくするとそれぞれに文通相手の住所と名前が記された1枚の紙が届いた。私に届いたのはフィンランドの同い年の女の子だった。ファーストネームが"Eija"と記されていた。最初は「エイジャ」さんと発音するのかと思ったが、後に彼女が送ってくれた音声メッセージの録音テープ"I'm your pen friend,Eija."（私はあなたのペンパルのエイヤです。）の声を聞いて、Eijaは「エイヤ」と発音することを知った。

エイヤから最初の手紙が届いた日のことは、今でもはっきりと覚えている。夕方、父が「外国から手紙が来ている」と言って私に手渡した赤い封筒。その時の感動と興奮は忘れられない。震える手で手紙を開け、真っ赤な便せんに綴られた英文を解読した。「外国の匂いがする」と言いながら、封筒や手紙の匂いをかいだものだ。

彼女とは、その後6年間文通が続いた。その間約30通の手紙を交換した初めての外国人のお友だちがエイヤだった（彼女が送ってくれたアバの音楽テープは、すり切れるほど聞いた）。

〈2〉36年後に再びつながる

14歳でエイヤとつながって、数年文通を続けたが、社会人となってすっかりエイヤとの思い出が遠のいてしまっていた。

そんな時にエイヤのことを思い出すきっかけとなったのが、英語の教員になって26年目のこと。中学2年生の英語の教科書『Sunshine English Course 2（サンシャイン　イングリッシュ　コース　2）』（開隆堂出版）で「フィンランドのヘルシンキに行く」という内容の題材を読んだ時である。「今頃エイヤはどこで何をしているのだろうか」、30年以上考えたこともなかったことを、それからしきりに考えるようになった。

「まだ昔の住所に住んでいるのだろうか？」。

考え出すと気になって仕方なくなった。今は大変便利な時代で、ソーシャルネットワークなるものがある。エイヤのフルネームを検索してみた。すると、私が加入しているネットワークで名前がヒットした。しかし、エイヤが既婚女性ならば名字が変わっているはずだから、この名前の人物は別人の可能性がある。ただ独身ならばエイヤ本人である可能性もある。

悩んでいても仕方がないので勇気を出してメールを送ってみた。「あなたは私の文通相手のエイヤでしょうか？」。数日後返事があった。「そうです。私があなたの文通相手だったエイヤです」と。

メールは次のように続いていた。「不思議なもので、1週間前に私もあなたのことを急に思い出して、職場の同僚に『昔、日本人の女の子と文通していたのよ』と話していたところだったのです。そんな時にあなたから突然メールが届いたので本当にびっくりしました」とあった。こういうことを共時性（シンクロニシティ）というのだろうか。

その後のメールで、彼女は今ヘルシンキに住んでいて、子どもが2人とペットを飼っているということがわかった。そんなこんなでこの年の夏の旅行は、北欧の旅となった。

〈3〉再会？なるか

エイヤに、夏フィンランドを訪れる旨をメールで連絡したら、「ぜひ会いましょう」ということになった。そして彼女のお宅に宿泊させてもらうことになった。エイヤとの待ち合わせは、フィンランド到着の次の日の午後4時、ヘルシンキ駅。

ホテルからバスでヘルシンキ中心部へと向かった。果たして彼女は待ち合わせ場所に現れるのか？ 前日のメールで、私の身長のこと、ショートヘアーということ、ピンクのスーツケースを持っているということを伝えた。果たして奇跡の出会いは果たせるだろうか。

正式に言うと、エイヤとは「再会」ではない。今まで会ったことはないからだ。36年前に国際ペンパルクラブを通して知り合い、6年ほど文通を続けていた外国人のペンパルに初めてこの日に会うということだ。まるで小説のようなこんな奇跡は本当に起こるのか。ワクワクとドキドキが止まらなかった。

ヘルシンキ駅のコインロッカーに荷物を預け、駅のすぐ前にあるマクドナルドに入った。前回の旅行の時も思ったが、マクドナルドはありがたい。無料でインターネットができ、トイレも使える。（たいがい海外ではトイレを探すのがひと苦労なのだ。）

「ヘルシンキ駅で待ち合わせ」と言っても、実際に行ってみるとかなり広くてうまく見つけるのは難しく感じた。それで待ち合わせ場所を、このマクドナルドに変更した。

エイヤに待ち合わせ場所変更のメールを送ると、すぐに返事が来た。本当に便利な時代だ。

「あと5時間後に感動の出会いだ。それまで1人でぶらぶらしておこう」。

ヘルシンキで「マリメッコ」「アルテック」「イッタラ」をはじめ様々なおしゃれな店をはしごしてテンションが上がりっぱなしだった。

（左）北欧食器の代表ブランド「イッタラ」の本店。シンプルな美しさが魅力。

（左）北欧最大のロシア正教の教会「ウスペンスキー寺院」

ヘルシンキ・エテラ港。遠くにウスペンスキー寺院が見える（左奥）。近距離フェリーをはじめ、スウェーデン・ストックホルムやエストニア・タリン行きの豪華客船も行き交うフィンランドの玄関口。

〈4〉感動の対面

ヘルシンキ市内をぶらぶらしてマクドナルドに戻ってきた。エイヤとの出会いまで、あと30分ほどとなった。感慨深い。2・5ユーロのマンゴー&パイナップルのスムージーを飲みながら、エイヤを待った。

エイヤからメールが来た。「あと20分で到着する」とのことだった。

この時マックには、アジア人は自分ただ1人。あと10分ほどでエイヤが来てくれるはずだが、スーツケースの色なんかチェックしなくても、簡単に見つけてくれるだろう。

あと7分。ドキドキワクワク。私たちは出会った瞬間、お互いどのような言葉を発するのだろう。エイヤが発する第一声はどのようなものだろう。そしてその言葉を受けて私の口からはどのような感動の言葉が飛び出すのか。

その瞬間は、いきなりやって来た。人気《ひとけ》を感じてふと顔を上げると、そこに彼女はいた。

「スーツケースの色は、ピンクというより赤だね」。微笑みながら言ったその言葉が、彼女の第一声だった。

"I am Yumi."(Iを強く発音)「私がユミです」。

私の口から出た第一声はこれだった。「エイヤに対面して発する最初の言葉は何だろうか」と、自分でも楽しみにしていたが、意外にもそれは中学1年生で初めて習う最もシンプルな文だった。

その後は言葉にならず、お互いに微笑みを交わし、ハグをした。

そして、マックを出て、駐車場へと向かった。

〈5〉探し出せた理由

エイヤの車で彼女の自宅へと向かった。

何から話していいかわからず、無言の時間がしばらくあった。ただ、沈黙している間も、2人の間には親密感や信頼感のようなものが漂っていて、心と心が通じ合っているような不思議な感覚があった。

私はまず、一番聞きたかったことについて聞いてみたいと思った。ご主人のことである。

こうしてエイヤと対面できるようになったきっかけは、エイヤのフルネームを検索し、自分も利用しているソーシャルネットワークで名前がヒットしたことだった。

その時、ちょっと不思議に思ったのだ。「エイヤはラストネーム（名字）が変わっていない…。ということは未婚なのか？　しかし、彼女からのメールで、『子どもが2人いる』と書いてあった。ということはシングルマザーなのか？」。

彼女から直接話を聞いて謎は解けた。彼女は結婚し、ご主人もいる。しかしフィンランドでは、結婚後名字を変えるか変えないかは自由なのだそうだ。だから彼女は結婚後も名字を変えなかった。そこには二つ理由があったそうだ。

一つは、仕事の都合上、名字を変えないほうが便利だったこと。もう一つは、ご主人の妹も「エイヤ」という名前なので、紛らわしいから。

さらに、自分の名字あるいは結婚相手の名字をミドルネームとして使うこともできるらしい。

それでエイヤと彼女のご主人は別々の名字なのだが、2人の子どもさんはご主人のほうを使っていると聞いた。考え方にもよるが、女性の立場を尊重した素晴らしいシステムだと感じ入った。

〈6〉エイヤとの素敵な時間

エイヤの自宅は、それはそれは素敵な北欧スタイルの邸宅だった。

エイヤ夫妻は、フィンランドの大手の建設会社に勤めていた。

家の内装はエイヤが考え、建築は、業者の助けを借りながら夫妻で行ったそうだ。びっくりである。

さらにびっくりしたのは、こんな素敵な邸宅があるのに、すぐ前に新しい邸宅を建設中だということだった。それも、業者頼みではなく、夫婦の共同作業で進めているそうだ。

私は、日本から持参したエイヤからの最初のお手紙を立派なダイニングテーブルに広げた。「まぁ恥ずかしい」とエイヤは言ったが、ご主人はニコニコしながら手紙をじっくり眺めていた。

エイヤ夫妻の愛車は、屋根が開閉式のＢＭＷだった。夕方、ご主人が運転するこのＢＭＷでドライブに連れていってくれた。初めてＢＭＷに乗り、気分は最高だった。夕食は、エイヤの手料理をごちそうになった。外のウッドデッキで涼みながら、ワイン片手においしい手料理をいただいた。

その後、エイヤ宅のサウナに入らせてもらった。彼女の話によると、ほとんどの家庭は自宅にサウナ室を設置しているらしい。そういえばガイドブックにも、「フィンランドの3家庭のうちの1家庭は、自宅にサウナ室がある」と書いてあった。

「まさかエイヤと一緒にサウナに入る日が来るなんて…」。36年前の中学生だった私には予想だにできなかったことだ。中学生の頃の自分にこっそり教えてあげたいくらいだ。

「あなたは36年後にフィンランドで、この文通相手と一緒にサウナに入ることになるのですよ」と。そう告げられた中学生の私はどんな反応をするだろうか。

これぞ、裸と裸のお付き合い。

朝起きると、フィンランドのスイーツ、「プッラ」を出してくれた（写真下）。シナモンロールだ。エイヤ自身が朝焼いてくれたみたいで、熱々で最高に美味しかった。

この日は一日エイヤとの本当に素敵な時間を過ごした。博物館、人気のあるおしゃれなカフェ、北欧デザインのお店などに連れていってくれた。途中で大きなクレーンが視界に入った。工事中かと思ったが、エイヤが言うにはバンジージャンプのスポットらしい。看板には「フィンランド最強バンジー」とあった。(飛んでみたいなぁ。)という言葉が口からこぼれ落ちそうになる前に、エイヤは言った。「バンジージャンプをする人の気が知れない。危ないし、怖いし。私はいくらお金を払われても無理」。あー、飛んでみたいなんて言わなくてよかった。私は「ははは」と軽く笑いながらウンウンと頷くしかなかった。

エイヤは「家に何泊でもしていいよ」と言ってくれたが、その日に次の目的地に出発することにした。エイヤと駅で別れを告げたあと、フィンランドの他の観光地を回り、その後スウェーデン、ノルウェー、エストニアと旅を続けた。

実を言うと、どうしてもあのクレーンによるフィンランド最強バンジーに挑戦したくて、スウェーデンへ旅発つ前にヘルシンキに戻って大ジャンプした。このことは、エイヤには内緒である。

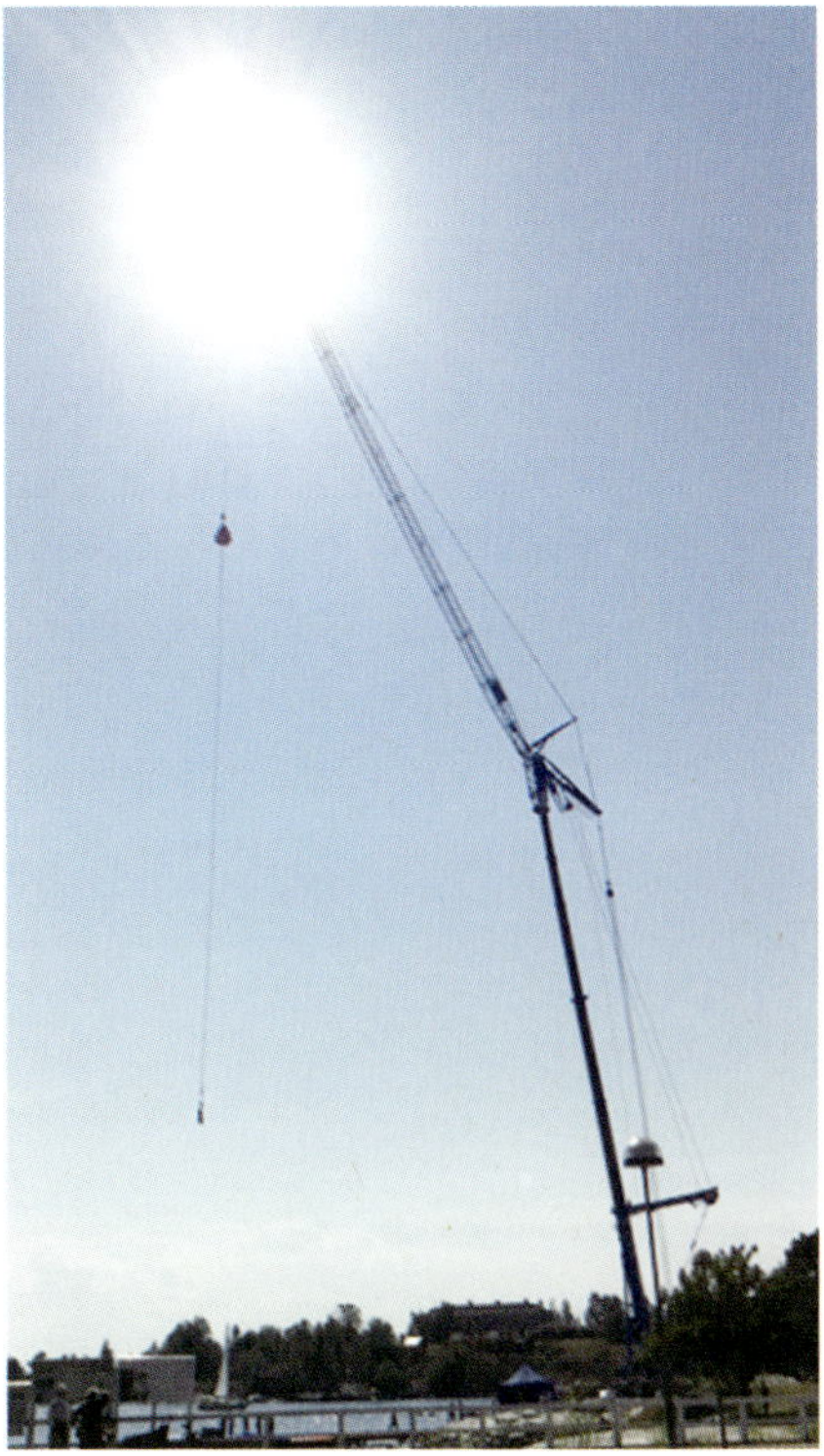

フィンランド南部の町ナーンタリ。最大の見どころは、入り江に浮かぶ小さな島を利用したムーミンワールド。ムーミンの世界を再現したテーマパーク。

（左）ムーミンハウス

（右上）（右中）ムーミンに出てくるいろんなキャラクターに出会える

（左）ムーミンハウス内部

（右）スナフキンのキャンプ（テントの中に入ることができる）

スウェーデンを代表するポップグループ、ABBA（アバ）の博物館。2013 年にオープン

ヘルシンキとストックホルムを結ぶ豪華な客船「タリンクシリヤライン」

実際に着ていたステージ衣装

客船内部

ストックホルムのノーベル博物館内のカフェでは、ノーベル賞晩さん会のディナーで出されたデザートと同じアイスクリームが食べられる

「プレーケストーレン（ノルウェー語で「演説台」の意味）」は、平らな岩の上から600メートル落ちている一枚岩の断崖であり、崖の頂上は約25メートル四方の正方形になっている。この頂上からフィヨルドを一望できる。

フィヨルドの絶景（ノルウェー　リーセフィヨルド）
プレーケストーレンからリーセフィヨルドを望む。リーセフィヨルドは
ノルウェー５大フィヨルドの一つ。

［ベルゲンのトルゲットにある野外魚市場］

ノルウェー　ヴォス（ベルゲンへと向かう列車から見た風景）

世界遺産に登録されているブリッゲン地区の木造家屋。カラフルで奥行きの深い木造倉庫が並んでいる。オリジナルは、13 世紀～ 16 世紀に建てられ、ハンザ同盟のオフィスが置かれた。（ノルウェー　ベルゲン）

（上）ベルゲンのホテルで用意されていた朝食バイキング

（上）有名なムンクの絵画「叫び」の舞台とされている場所（ノルウェー　オスロ・エケベルグ）。
（右）舞台であることを示すプレート

[エストニア　タリンの風景]

（左）ヘルシンキからフェリーで約2時間30分で古都タリンへ。

（左）タリンの旧市街で見た、この大道芸の仕掛けがどうしてもわからなかった。

〈7〉2・5ユーロの使い道

北欧の旅も最終日を迎え、再びヘルシンキに入った。あとは空港に行くだけだ。手元に残っていたお金は2・5ユーロだった。日本に持って帰ってもどうしようもないので、このお金をここで使い切ることにした。

思いついたのが、ガイドブックで紹介されていた、品のある「カフェ　アアルト」でコーヒーかお茶を飲むこと。時計を見ると5時45分だった。「まだお店は開いてるだろう」。

ところが店に行くと、ドアには、「今日は閉店しました。明日は朝9時から営業します」の案内。ショックだった。ヘルシンキでの最後の思い出にと、せっかくこのおしゃれな「カフェ　アアルト」を選んだというのに…。

「では、中心ストリートで開催されていた国際フードフェスティバルに戻って、食べ物を調達して使い切るか」と気持ちを切り替えてみた。しかし、そっちは逆方向だった。時間のロスが気になったので、やっぱりそこに行くのもあきらめ、仕方なく駅方向に歩き出した。

大型スーパー「ストックマン」に行き着いた。「ここなら2・5ユーロで何か買えるかも」。

店内を少し歩くと、フィンランドの板チョコを見つけた。2・3ユーロだった。

「でも、チョコはもう結構買ったしなぁ…。他に何かないかなぁ」と思い、上の階まで行ってみた。

そうしているうちに、すぐに閉店時間がやってきた。あいにくこの日は日曜日で、ほとんどの店は定休日か、営業時間が短くなっていた。

「今日が北欧旅行最終日だというのに、ついてないなぁ。もう駅で何か買うしかないか」。駅に向かって歩き出した。しばらく歩いて目に入ってきたのがあの場所だ。そう、今回の北欧旅行はすべてここから始まった。エイヤと感動の出会いをした、あの駅前のマクドナルド。つい10日前のことだが、あれからずいぶん長く時間が過ぎてしまったような気がする。

北欧旅行最後の瞬間を過ごす場所としてたどり着いたのは、最初に過ごしたこの場所だった。結局ここにたどり着く運命だったのかも。

「最後にもう一度だけエイヤに会いたかったなぁ…」。

店に入り、注文をするために列に並んだ。その時、マックのWi-Fiでネットがつながり、1通のメールを受信した。エイヤからだった。

「今日は何時のフェリーでヘルシンキに帰ってくるの?」。

そのメールは、ちょうどエストニア行きのフェリーに乗る前に送られてきたもののようだったが、この日は一日ネットがつながる環境にはいなかった。

「このメールが着いてすぐに返信できていれば、もしかしたらもう一度エイヤに会えていたかもしれないのに…」。無念さが広がった。

気を取り直し、2・5ユーロで買えるものを探した。あった…。しかもピッタリ2・5ユーロだった!

それは偶然にも、あの時エイヤを待つ際に私が頼んだマンゴー&パイナップルのスムージー。スムージーの甘酸っぱさの中で、エイヤとの感動の出会いを思い出していた。

「最後の2・5ユーロは、このためにあったのか…」。

運命のいたずらとまではいかなくても、この神様の導きに一人ほくそ笑んだ。

スムージーを飲み干したところで、私の北欧の旅もいよいよ終わりを迎えることになった。

〈8〉キートス（ありがとう）

駅前のマクドナルドで撮ったこの写真（左下）。これが北欧旅行での最後の1枚となった。トレイの返却場所に"KIITOS"（キートス）と記されていた。「キートス」とは、フィンランド語で「ありがとう」という意味である。この言葉は、フィンランドの旅の途中で3番目に多く聞いた言葉だ。2番目に多く聞いた言葉は「こんにちは」という意味の"Moi"（モイ）。1番は、"Joo Joo"（ヨー、ヨー）。受け答えをする時に頻繁に耳にした。「はい」という意味なのだろうか？　うん、うんと相づちを打つ時にも「ヨー、ヨー」という言葉を使うのを多く耳にした。

もう一つ、フィンランド人気質で面白いことをエイヤが話してくれたのを思い出した。

「アメリカ人からすると、フィンランド人は礼儀知らずのように言われる。会話があまり続かないから『なんて失礼な』と思われるらしい。しかし、フィンランド人にしてみれば、言葉を交わさなくても気持ちで通じ合えると信じている。だから、沈黙が続いていてもお互いわかり合えているから気にしない」。

マクドナルドからエイヤの車で彼女の自宅へ向かっている時にこれを聞いた。フィンランド人は何となく奥ゆかしくて、日本人と似ているところがあるように感じた。日本でも「以心伝心」という言葉がある。不思議な発見だった。実際、エイヤの車の中でも、お互い沈黙している時

間が少なくなかった。でも「無理に話さなければ」という空気はなく、この沈黙が居心地よかったりした。フィンランド発祥のサウナが日本でもポピュラーであったり、同じくフィンランドで生まれたムーミンも根強い人気を誇っているなど、日本とフィンランドは心理的に近いものがあるのかもしれない。本当に居心地の良い国だった。ちょっとしたピンチの時に、たくさん助けられた。この国は、私にとっては相性のいい国だ。

"Kiitos, Finland!"（ありがとう、フィンランド！）

〈9〉３度泣く

駅前のマクドナルドを後にし、バスに揺れること30分、エアポートホテルに到着した。チェックインする頃は、旅の疲れがピークに達していた。

宿泊用紙にサインすると、ホテルの受付の女性から、一つのビニール袋を手渡された。袋には、私の名前が書かれた紙が貼り付けられていた。

「あれっ、初日に泊まった時に、部屋に何か忘れものでもしたのかな？　いや、それとも、このホテルは2度目の宿泊だからホテルからのプレゼントなのかな？」。

部屋に入って少し休んだあと、ビニール袋を開けてみた。意外としっかり包装されていて、すんなりとは開けられなかった。

まず出てきたのがタオルだった。「あれっ、なんか見覚えのあるタオル…」。

次に出てきたのは、箱に入ったムーミン絵柄のかわいいスプーン、そしてガラス製品。「ホテルからのプレゼントかな？」。

そして、最後に出てきたのは、ノートの切れ端に書かれた手書きのメッセージだった。

「Dear Yumi,」（親愛なるユミへ）で始まっているメッセージ。それはエイヤからだった。

なんと、このプレゼントはエイヤからだったのだ。メッセージを読みながら、涙があふれ出した。

「あなたに会えて本当に良かった。フィンランドを訪れた記念に、これらの品を受け取ってください。このスプーンの名前は、アドベンチャー（冒険）といいます。このスプーンでアイスクリームを食べる時、フィンランドのことを思い出してくださいね。Have a nice trip to home, Eija.（帰国まで良い旅を、エイヤより）」。

私のために、「アドベンチャー」という名前のスプーンをわざわざ選んでくれたのだ。涙がさらにあふれてきた。

スプーンを取り出して、ひっくり返してさらに驚いた。「Yumi 8/2014」と刻印されていたのだ。

「わざわざ、刻印まで…。いつの間に…」。

涙が一気に吹き出した。

ガラス製品は、フィンランドの有名ブランドである「イッタラ」のキャンドルスタンドだった。シンプルで飽きのこないデザインのイッタラ製品を私がとても気に入っていたので調達してくれたのだろう。

この感動、エイヤの心遣いと奥ゆかしさに対するお礼の気持ちは、「Thank you so much.」（本当にありがとう）を何度言っても足りない。

私は今あふれている感情を、一気にメールに打ってエイヤに送った。

返事はすぐに返ってきた。

「あなたがホテルに帰った時に、あなたを待ってくれている何かがあるといいなと思って」。

そのメッセージを読んで、3度目の涙が吹き出した。旅の途中でこんなにも涙が出たのはこれまでなかった。

エイヤの何と奥ゆかしいことか。ひとり旅というのは、自由ではあるが孤独なものだ。特に旅の終盤のホテルともなると…。

さらに、メールはこう綴られていた。

「あなたに会えてどれだけ楽しかったか、言葉では伝え切れません。でも、いつか話したように、言葉なしでも私たちはお互いわかり合えてるよね」。

心が震えた。この言葉は、私の胸の奥の奥まで染みわたり、温かい血液となって全身を駆け巡った。外国語を使ってお互いを理解し合う喜びに胸を高鳴らせていた頃から30年以上の時を経て、今もう言葉なしでも心が通じ合っていると実感できた瞬間の喜びと感動。この奇跡の巡り合わせは私にとって一生の宝物だ。

「神様、この瞬間を私にプレゼントしてくれてありがとう」。心の中で何度も何度も叫んだ。

余談ではあるが、プレゼントと一緒に入っていた見覚えのあるタオルは、エイヤの自宅サウナ室に置き忘れていた私のビニールタオルだった。

（２０１４年8月訪問）

第56話　桃源郷と呼ばれる場所へ（パキスタン　フンザ）

春になると杏やアーモンドの花で谷一面が埋め尽くされ、人々は素朴でゆっくりと時間が流れていく――。そんなリアルな桃源郷と呼ばれるこの場所は、パキスタン北部の秘境「フンザ」。首都イスラマバードからカラコルム・ハイウェイを走り、桃源郷フンザへ向かう旅に出た。

途中の道路では、ガーネットの原石がたくさん採れるということで、私も車を降りて見つけてみることにした。赤っぽい石はいくつか見つけたが、どれがガーネットの原石やらさっぱり見当がつかなかった。すると、ツアーガイドがさくさく見つけて私の手のひらに原石をごっそり乗せてくれた（次ページ右下写真）。こぼれないようにすぐにズボンのポケットに入れた。

その日の夜は、ホテルの裏の丘に登って、

寝転がって流れ星を見た。次々と現れる流れ星は幻想的だった。たっぷり流れ星を味わったあと宿泊所に戻ろうとして起き上がって気づいたが、ポケットに入れていたガーネットの粒がなくなっていた。慌てて寝転がっていた付近を探したが、真っ暗で何も見えなかった。しかも岩場だったので、隙間に入り込んだようで回収不可能だった。残念。

次の日、フンザに向けて北上した。カラコルム・ハイウェーでは、トラック野郎たちが絢爛豪華な装飾を凝らしたデコレーショントラック（デコトラ）が雪山に映えて圧巻だった（次ページ写真）。

荒削りの自然を通り抜けてたどり着いたその場所は、空気が澄んでいて花々が美しく、青空に雪山の映える、まさに桃源郷だった。その中でも一番印象的だったのは、フンザの自然の中で育った子どもたちの宝石のように輝く笑顔だった。

（２００９年８月訪問）

第57話　マチュピチュの"Goodbye Boy"「グッバイボーイ」（ペルー　マチュピチュ）

ペルーの世界遺産マチュピチュを訪れるずいぶん前に、あるテレビ番組を見て、グッバイボーイの存在を知った。その番組で紹介されていた動画は次のようなものである。

「観光客がマチュピチュ観光を終えて、観光バスで坂道を下っている時に、現地の少年が出てきてバスに手を振りながら英語で声高らかに『グッバーイ』と叫んだ。バスに乗っていた観光客は愛らしいその少年にみな笑顔で手を振っていた。バスはその後、つづら折りとなった坂道を下っていった。そしてしばらく経った時、またもや1人の少年が現れ、先ほどと同じようにバスに手を振りながら声高らかに『グッバーイ』と叫んだ。驚いたことに、最初の少年とこの少年は同一人物だった。この時観光客はみな驚きの表情を隠せずにいた。この少年はどうやってバスに追いつくことができたのか？　種を明かすと、バスが通る山道とは違うルートのショートカット（近道）があり、最初にバスの観光客に向かって『グッバーイ』と言って手を振った直後、そのショートカットを猛ダッシュで駆け下りて、さっきの観光バスを待ち構えるという仕掛けである」。

マチュピチュの観光を終えて駅に向かってバスで帰る途中に、ふとこのグッバイボーイのことを思い出した。「もしかしてグッバイボーイに出会えたりして？　あのテレビの少年に続けと、2代目や3代目グッバイボーイが私たちを待ち構えているのではないか？　そしてテレビで見たのと同じように我々に向かって『グッバーイ』と高らかな声で叫んで手を振ってくれるのではないか」。だらだらと続く坂道を降りながら、期待に胸膨らんだ。

「いや、待てよ…。もしかして、もしかしたら、あのグッバイボーイは、大人になってグッバイマンとして私たちを待ち構えているのではないか？　彼はかっこいい大人になっていて、バリトンのきいた低く渋い声で、『グッバイ』とセクシーにささやいてくれるのではないか」。カメラを握りしめ、目を皿のようにして、バスの窓から色男を探した。

そんな期待とは裏腹に、グッバイボーイもグッバイマンも現れることなく、坂道を下りきり、駅に到着してしまった。

ああ、私の妄想よ、「グッーバァーイ」。

（2007年8月訪問）

（上）列車ペルー・レイル「ビスタドーム号」でマチュピチュ駅へ。天井の一部がガラス張りになっているので風景がパノラマで楽しめる。

（上）天井の車窓から眺めたアンデス山脈の景色。マチュピチュ駅から、マチュピチュ行きバスに乗り換えて30分ほどで遺跡入口に到着する。

[ペルー　空中都市マチュピチュ（標高2430メートル）]

（上）太陽の神殿（曲線を石組みで表す高い技術を用いて造られている。窓が二つあり、東の窓は冬至の朝、南の窓は夏至の朝に太陽が正確に差し込む）

岩の後ろに見える山を模して削られた高さ3メートル、幅7メートルの一枚岩。
「聖なる岩」と呼ばれ、この岩に手をあてるとパワーがもらえるという。

遺跡の中に住むリャマ

ペルーのコーヒー。黒い液体（濃いコーヒー）をカップのお湯に注いで飲む

バスに乗って、ペルーからボリビアへ

[ボリビア　ティティカカ湖]

ティティカカ湖に浮かぶウロス島へ

[ティティカカ湖　ウロス島（ボリビア）]

ウロス島は、トトラと呼ばれる葦《あし》を積み重ねた浮島で、大小 40 ほどの島が浮いている。大きな島には学校や病院もある。

[ティティカカ湖　太陽の島（ボリビア）]

[ペルー　世界遺産クスコの街]

クスコは、標高 3400 メートルにある街で、インカ帝国の都として栄えた。
マチュピチュをはじめとする遺跡観光の起点となっている。

「コンドルの丘」から眺めたペルーとボリビアの国境をなす
「ティティカカ湖」（ペルー　プーノ）

[クスコ郊外の遺跡]

高山病に効くというコカ茶。ボリビアではハーブティー全般をマテと呼ぶので、コカ茶は「マテ・デ・コカ」と呼ばれている

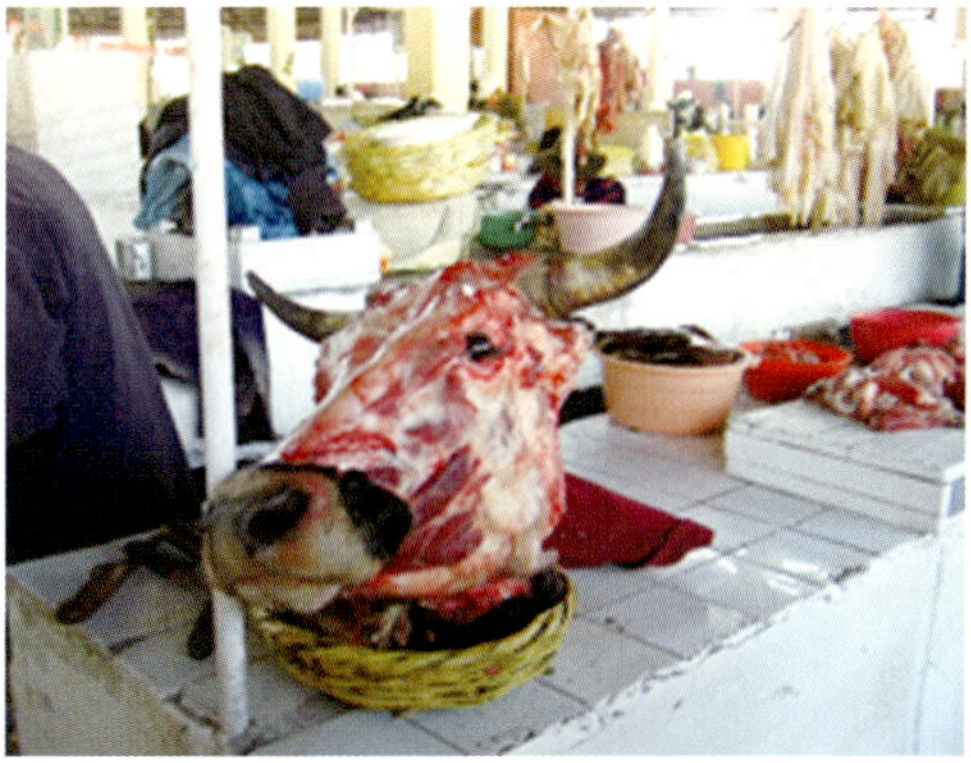

クスコのマーケットにて

[クスコで行われていたフェスティバルの様子]

第58話　旅を楽しくする言葉たち

海外を旅する時は、あいさつとお礼を現地の言葉で言えるようにしておくと良い。ここ日本でだって、たとえば海外からの観光客に道を教えた時に、日本語で「ありがとう」と言われるとうれしいものだ。現地の言葉一つでその国の人々との心の距離がぐんと近くなる。

国や時代によっては、「魅力ある一言」なるものもある。高校時代、修学旅行先の京都で友人たちと歩いていた時、男性欧米人観光客がすれ違いざまにこちらに向かって「キレイ！」と言ってきたことがあった。当時地方の高校生だった私たちは、その一言に驚きとドキドキと照れくささが混じって、小さく「キャッ」と言ってはにかむだけしかできなかった。

後から考えてみるとその男性は、「日本の女子高生に『キレイ』と言うと喜ぶよ」とか「反応が面白いよ」、などと教えてもらっていたのではないかと思う。「キレイ」は、その男性が何らかの形で学んだ「魅力ある一言」だったに違いない。（今なら「カワイイ」という一言だろうか。）

ところで、大学時代に交換留学でオーストラリアのニューカッスル大学に留学していた時は、"Do you like Australia?"「オーストラリアは好き？」とよく聞かれたものだ。かなりの確率でこの質問が来ることがわかってからは、聞かれるより前に"I love Australia so much!"「オーストラリア大好き」と言うようにした。実際私にとって初めての外国であったオーストラリアは心から好きと言える国だった。そして、このように伝えた時のオーストラリアの人たちの笑顔は、とびきり素敵だった。

イギリスのイングランド滞在中には、"lovely"「ラブリー」という言葉が飛び交っていた。この言葉は、中学校の英語の授業で教わったことも、教えたこともなかったが、「素敵」「良い」「かわいい」などを表現する時に女性の間で頻繁に使われていたように思う。「はじめまして」は中学校の教科書で"Nice to meet you."と出てくるが、実際現地では"Lovely to meet you."という言い方もあり、真似して使うと喜んでくれたものだ。

ネパールを旅行した時には、「ラムロ　チャ」という言葉をよく耳にした。現地の人にこの言葉の意味を聞いてみると「良い」というような意味だった。それからは私も何か素敵なものを見たり、自分の気分が良いことを伝えたりする時には「ラムロ　チャ」と言うことにした。すると現地の人たちがにっこりしながらこう言った。「あなたはネパール語が上手ですね」と。

コスタリカで出合った、"Pura Vida"（プーラ　ヴィーダ）「純粋な人生」という言葉には感動すら覚えた。現地のあいさつやお礼の言葉を覚えて使うことは、ある意味その国に対する礼儀ではないかと私は考えるが、それに加えて何か一つでもその国で魅力的な「ひと言」を見つけることができたなら、旅は何十倍も面白く、思い出深くなる。私の場合、何といっても旅の醍醐味は現地の人たちとの出会いである。だから、私と現地の人たちとをつないでくれる、現地で出合う魅力的な「ひと言」は欠かせない。

第59話　身の危険（ニュージーランド　マウントクック）

知り合った人に、海外渡航回数が多いと話すと、決まって聞かれるのは、「海外で危ない目には遭わなかったか?」という質問である。腹の立つ経験は幾度もしているが、幸い誰かから危害を加えられるような経験は、ない。

しかし、「もしかしたら帰らぬ人になっていたのではないか」と、今考えるとゾッとする経験が二つある。オーストラリアに交換留学していた大学4年生（22歳）の時である。いずれも、若さからくる好奇心が起こしたことだ。

一つは、オーストラリアのクイーンズランド州の東海岸を旅していた時のこと。ビーチには大勢の人たちが歓声をあげて楽しんでいた。ビーチと隣り合わせに熱帯のジャングルがあったが、ふとした好奇心からジャングルの中に入ってみた。

ジャングルの中では日光がシャットアウトされ、先ほどのオレンジ色の景色とは別世界の深い緑の世界が広がっていた。何かに誘われるようにどんどん奥へと進んでいった。さっきまで、ワーワーキャーキャー聞こえていた歓声が、パタッと聞こえなくなった。ハッと思って周りを見ると、そこには一面樹海が広がっていた。

日本にいる誰かの声が心の中に響いた気がした。（進むな！）心臓がバクバク鳴り出した。このまま前に進むと、明らかに樹海から出られなくなる。（落ち着け！）心臓のバクバクが止まらない自分に言い聞かせた。（とにかく落ち着け。冷静になれ。そして、焦らず少しずつ来た道を帰れ。）自分の冷静な頭が、パニックになっている心にささやいた。

私は後ろを向き、さっき踏み出した一歩をもとに戻した。同じようにして、一歩、また一歩と周りの景色を確認しながら少しずつ来た道を戻っていった。ここで道を誤ると、とんでもないことになる。冷や汗をいっぱいかきながらしばらく進むと、来た時に見た丸太があった。そこからまた一歩、また一歩と慎重に歩みを進めた。遠くに人の声がした。そしてやっとビーチに出た。助かった！　シャツが冷や汗でびっしょりになっていた。力が抜けて砂浜に座り込んだ。ぎらぎらとした太陽に照らされながら、しばらく動けずにいた。心臓のバクバクが治まるまでしばらく時間がかかった。

もう一つは、ニュージーランドのマウントクックを登った時のことである。日帰りのトレッキング程度の安易な気持ちで登り始めた。しばらくは、人がおしゃべりしながら陽気に歩いているのに混じっていたが、だんだんと人が少なくなっていった。多くの人が折り返して下ってしまっていたのだ。

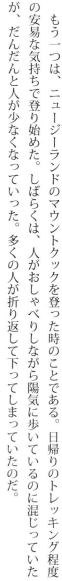

私は欲が出て、「もう少し上まで登って景色を見てみたい」と思い、休憩するのも忘れてどんどん登っていった。はたと、自分が登山道を歩いていないことに気がついた。どうやら道から外れてしまっていたらしい。

ごつごつと大きな石が転がっている道なき道を進み、途中の川には橋もなく、リュックを向こう岸に投げて、自分は太ももの上まで川の水に浸かりながらザクザクと前に進んだ。

もう私には前に進むしか考えがなかった。「もしかしたら野宿か？」。当時は携帯電話もない時代で、途中で人に会わない限りは命の保証はないと思われた。上に行けば誰かいるかもしれない。そんな淡い思いでひたすら前に進んだ。

だんだんと疲れも出てきて頭もぼんやりし始めた頃、遠くに小屋が見えた。人が泊まれる小屋なのか、廃墟となっている小屋なのか？　小屋に向かってひたすら歩いた。果たして誰かいるのか…。恐る恐る小屋を開けてみると、先客がいた。欧米人青年2人。誰かがいてくれて本当によかった。ここに1人で夜を過ごすことになっていたら、生きた心地はしなかっただろう。小屋にはベッドとテーブルと簡易キッチンがあるだけだった。ランプをつけることなく、日が沈むと同時に就寝となった。

朝起きると、青年たちは小屋を出る準備をしていた。彼らはまださらに上に登っていくらしかった。「Have a nice trip.（よい旅を）」と私に言い残して2人は小屋を去った。

その後私もすぐに下山した。下山にかかった時間はあっという間だったが、体の疲れに加えて不安や心配もあって、すっかり疲れ果てていた。ツーリスト・インフォーメーションセンターまで行き、その近くに立っていた木の下に倒れ込んで、3時間ほど無防備に寝た。

（1986年12月訪問）

（上）自動シャッターで撮影した1枚。まだ見ぬ景色を見るために、道なき道をただ一人、ひたすら登り続ける。

この大自然の中、在るのは我一人なり。山だけを見て、ただ歩く。

（上）どこにたどり着くのかわからぬ不安が大きくなり始めた頃、突然、遠くにポツンと何かが見えた（写真中央より少し下）

近づいてみると、それは、山小屋だった。「助かった！」

86 12 7

第60話　英語教師の原点（オーストラリア　ニューカッスル）

大学4年生の頃、大学の交換留学制度により、オーストラリアのニューカッスル大学に1年間留学する機会を得た。大学で履修した英語教育の講義の中で、2週間現地の公立学校で実習することが義務づけられていた。現地の学校での、日本語の授業のアシスタントであった。いわゆる、日本の学校におけるALT（アシスタント　ランゲージ　ティーチャー：外国語指導助手）にあたる。この学校では、国際理解の授業として毎年2週間程度日本語を教えることになっていた。

オーストラリアの子どもたちに日本語を教えることは、私にとってめくるめく体験であった。何をどう教えるかはすべて任されていたので、「さて何を教えようか」と日々わくわくして教材研究をした。現地の先生をアシスタントするというより、私が好きなように教えるように任されていて、現地の先生たちが私をアシスタントするようなシステムだった。

最初に教室に入った時、子どもたちは全員起立して、日本語で「こんにちは、ゆみ」と声をそろえてあいさつしてくれた。

簡単な日常会話から始まり、日本語での自己紹介、ひらがなやカタカナの文字指導、ゲームや言語活動などの準備に追われ、手作りの教材に精を出した。しかし、それがこの上なく楽しかった。現地の子どもたちの笑顔を想像しながら頑張ることができた。

実習が始まって2週間、子どもたちとも打ち解けあえるようになってきた。この日は教室を飛び出し、クラスのみんなが、「じゃんけんぽん」を覚えて声に出し、じゃんけんゲームを校庭で楽しんだ。その日は、

6月13日。私の22歳の誕生日だった。現地の先生が、記念にと子どもたちと一緒に写真を撮ってくれた。彼らも私も最高の笑顔だった。

「外国語を教えるということは、何て楽しいんだ！」。日本語を現地の生徒に教えることがこんなにも面白いとは思いもしなかった。その時ふと思いがよぎった。「外国語を学ぶというこんな面白いことを、自分の国の子どもたちに教えない手はない」。

この瞬間、「日本の中学校で英語を教える」という目標が決定した。私の30年以上にわたる英語教師としての原点である。この写真は、私にとって最高の誕生日プレゼントとなった。今でも自宅の部屋の目につきやすいところに飾ってある。

当初は2週間の実習であったが、現地の先生ともすっかり打ち解けて、別れがたくなっていた。学校から「もう1週間来てもらえないか」というありがたいオファーがあり、計3週間の実習をさせてもらった。（1986年6月）

現地の学校を訪問する経験は、40歳の頃、イギリスのノッティンガム大学に派遣研修に行った時にも経験した（2004年10月）。この時は、ノッティンガムにある"Fernwood Comprehensive School"（ファーンウッド中等学校）を訪れ、現地の先生方の外国語の授業（フランス語、ドイツ語）を参観するとともに、私を含む日本人研修生数名による日本紹介の授業も1コマ行った（写真）。

かなりの生徒が日本がどこにあるかわからず、中国と混同していた。

「アジアは一緒くたにされている。日本は彼らにとって、やっぱり極東の小さな国なんだな」と実感した。

中学2年生の年齢にあたる子どもたちに「日本人で誰を知っているか?」という質問をしたところ、北野武と宮崎駿の2名の名前が挙がったのは、少し意外であった。

1人の生徒が私たちに質問した。"How do you say 'ma'am' in Japanese?"（日本語で「マーム」は何て言うんですか?）ちなみにma'amはmadamの略。

この学校では、女性の先生を呼ぶ時は、"Excuse me, ma'am." "Yes, ma'am."という言い方をしていた。これは日本の英語の授業ではあまり馴染みがない。たいがい、日本の学校では先生を呼ぶ時は、男性の先生に対してはMr. 女性の先生にはMs. を名前につけて"Excuse me, Ms.Tometsuka."（遠目塚先生、ちょっとすみません。）のように使わせている。それで、私たちはうっかり、ma'am〔mæm/mɑːm〕をmom〔mɑm/mɔm〕と聞き違えてしまった。実際この二つの言葉の発音は、aの発音のパターンが「ア」一つしかない日本語話者には、大変紛らわしく、同じように聞こえたりする。

私たちはてっきり"How do you say 'mom' in Japanese?"(日本語で「マム」は何て言うんですか?)と聞かれたと勘違いし、「おかあさん」と答えた。すると、次の瞬間、「おかあさーん、おかあさーん」とその子が日本語で私たちを呼んだ。「先生、先生」と呼びたかっただけなのだろうが、これには爆笑した。このあまりのかわいさが何とも言えず、まるで、本当にその子のおかあさんになったような気分だった。

日本の生徒の中には、「遠目塚先生」と言いたい時に、つい日本語の感覚で「遠目塚ティーチャー」と言ってしまう生徒もいる。日本語の「先生」は敬称として使えるが、英語の teacher は職を示す単語「教師」なので、間違った使い方なのであるが、英語の表現をそのまま日本語にあてはめてしまう、日本人がついやってしまう混同である。

話は変わるが、授業で取り上げたことはなくても、日本の子どもたちは、映画等で"Yes, sir."(イエスサー)の表現を知っていて、たまに、私に対しても"Yes, sir."と返事をする生徒がいる。そんな時は「Sirは男性に対して使う言葉で、私は女性なので、Yes, ma'am. と言うんだよ」と説明するが、その時ふとあの子のことを思い出す。私のことを「おかあさーん、おかあさーん」と呼んだあのかわいらしいイギリス人少年のことだ。

名も知らぬあの子はこの広い空のもと、今頃どこで何をしているのだろうか…。

[ファーンウッド中等学校の風景]

朝の登校の様子

校舎が開けられる時間まで外で待つ生徒たち

職員室で談笑する先生たち

午後３時半には誰もいない

学校のカフェテリア

カフェテリアのメニューの一つ

Ahmed

世界旅が終わりました。

お帰りなさい
無事にご帰国よかったです

これでホッとひと安心
やっぱり日本はいいですね

楽しく旅ができましたか？

印象的な場所
びっくりするような体験
胸を打つ感動の瞬間
忘れられない人との出会いはありましたか？

楽しかった海外への旅も終わり
しばらくは日本でいつもの生活

そしてまた時が経てば

まだ見ぬ景色
まだ見ぬ人々
まだ見ぬ自分を探しに

次の旅に出よう。

（２００６年８月　中国シルクロード）

著者あとがき

「今年はどこに行くの？」「さて、今年はどこに行こうか…。」

このやりとりで私の夏は始まる。

そして、いつものように私の夏の海外旅行は突然に行き先が決まる。教師生活30年間で訪問した国は60ヶ国を超えた。

身内に心配をかけながらの世界1人旅もぼちぼち終わりにしようかと考えたりもした。

しかし、夏になってお決まりのあの質問をされると、いてもたってもいられなくなる。そして周りの心配をよそに、ふらっと計画性のない旅に出る。

バカにつける薬はなし、ということわざを借りると、まさに「旅バカにつける薬はなし」である。

ただ、ある意味、教師を勤めながらこの世界1人旅に出かけることをずっと続けてきたおかげで「自分」というものが形作られてきたとも言える。

世界旅を通して、私はこれまで知らなかったことを知り、気づかなかったことに気づき、考えることがなかったことを考え、「違い」を楽しいと感じるようになった。また、今自分が目の前で見ているものが真実、そして真実は一つであり、それをどう見るか、どう感じるかが大切であると思うようになった。

1人旅を続けることで培われたチャレンジ精神や好奇心、アイデア、観察眼、違った価値観の尊重などは、教師としての私の授業作りや学級経営にもつながっている。

すなわち、世界のいろんな国を旅する理由

「それぞれの国にそれぞれの良さがある。それを探しに行くのが楽しい。」

これが、やがて

「それぞれの生徒にそれぞれの良さがある。それを探すのが楽しい。」という、私の教育方針となった。

私の個人的な体験談をこうして本として形にすることができたのは、多くの方の励ましやサポートがあってのことだ。本の執筆と写真のレイアウトには想像をはるかに超える労力を要したが、「本ができあがるのを楽しみに待っています。」という声を励みにようやく完成することができた。

ちなみに各エピソードに掲載してある写真は、その国を訪問したそのときに私自身が撮影したものである（ただし、私が写っている写真は近くの方に撮ってもらったもの）。30年前の写真をはじめ、写りの良くないものもあるが、お許しいただきたい。

最後に、この本を出版するにあたって、惜しみなく力を貸してくださった、㈱宮崎中央新聞社の西隆宏さん、心配させ続けた両親と妹、そしてこれまで私を支えてくださったすべての方に心より感謝したい。

本書を通して、1人でも多くの人に、世界旅の魅力と国際理解の醍醐味を感じていただければ幸いである。

遠目塚由美

旅バカにつける薬はなし
～女教師30年60ヶ国1人旅

2018年9月8日　初版発行

著　　者　遠目塚由美

編　　集　西　隆宏
カバーデザイン　小林智子
発売元　㈱宮崎中央新聞社　出版部（U-chu企画）
〒880-0911　宮崎県宮崎市田吉6207-3
電話 0985-53-2600　FAX 0985-53-5800
印刷・製本　モリモト印刷株式会社

ISBN 978-4-905514-14-5